B급 정치

유머와 반전이 넘쳐흐르는 서민의 정치 에세이

B급 정치

서민 지음

인물과
사상사

정치는 인간을 행복하게 하는 기술이다.
— 허버트 피셔(Hubert Fisher, 1877~1941)

욕하거나 칭찬하거나

'설마, 이명박보다야 낫겠지.' 박근혜 전 대통령이 당선되었을 때 제가 했던 말입니다. 박근혜 전 대통령의 능력을 믿기 때문은 아니었습니다. 사악하지만 무능한 지도자보다 사악한데다 영리하기까지 한 지도자가 나쁘다는 평소의 믿음이 저로 하여금 그런 생각을 갖게 만들었습니다. 부지런함에서도 둘의 차이는 극명하게 드러납니다. 아침 7시면 출근해 "오늘은 무엇을 갖고 돈을 벌어볼까?"를 고민했던 이명박의 부지런함이 5년간 쉴새없이 비리를 저지르게 한 원동력이라면, 특별한 일이 없다면 청와대 관저에서 빈둥거리는 박근혜는 최소한 비리 면에서는 나을 거라고 기대했습니다.

제 생각이 틀린 건 아니었을지 모릅니다. 4대강과 자원외교로 대표되는 이전 정권의 유산은 지금도 우리나라의 살림살이를 어렵게 만드는 이유입니다. 두 사업만 합쳐도 50조원은 가뿐히 넘을 겁니다. 반면 "한 푼도 사익을 취한 바 없다"고 한 박근혜의 말이 진실이라면, 그녀와 최순실이 해먹은 액수는 미르재단과 K스포츠재단에 들어간 1,000억 원과 국민연금의 손실액 4,000억 원 등 넉넉잡아 1조 원이 안 됩니다. 그럼에도 이명박 시대보다 박근혜 시대를 버텨내는 게 저는 더 힘들었습니다. 다음과 같은 이유에서였을 겁니다.

첫째, 세월호 참사와 메르스 사태에서 본 것처럼 박근혜 정부는 국민의 생명과 안전을 지켜낼 능력도 의지도 없었습니다. 내 안전은 스스로 지켜야 한다는 긴장감으로 하루하루를 살다보니 힘든 건 당연했지요. 둘째, 이명박 정부 때는 돈만 밝히는 대통령을 비난하면 국민의 임무를 다하는 거라고 생각했습니다. 하지만 박근혜 정부는 그 차원을 넘어서, 우리가 이 나라 국민인 것을 부끄러워해야 했지요. 일국의 대통령이 질의응답조차 소화하지 못하는 무능한 분이었고, 그분을 대신해 나라를 다스린 이는 '공황장애'란 단어조차 쓸 줄 모르는 이였으니까요. 우리가 촛불을 들고 서울 광화문 광장에 나간 건 잘못된 지도자로 인해 국민들까지 도

매금으로 매도되는 게 억울해서였을지도 모릅니다.

　이 사태가 벌어질 수 있었던 건 국가 기관들이 해야 할 일을 못했기 때문입니다. 집권여당은 대통령의 무능을 감춘 채 그녀를 찬양하기 바빴고, 야당은 지리멸렬 그 자체였습니다. 검찰과 국정원은 대통령의 충실한 하인이었고, 언론 역시 대통령의 난해한 말을 받아쓰기 바빴습니다. 대통령의 실체를 누구보다 잘 알았던 청와대 공무원들도 누구하나 "대통령이 바보다"라고 알려주지 않았습니다. 최순실의 태블릿PC가 아니었다면, 지금도 이 나라는 최순실이 다스리고 있었을 겁니다.

　그런데 여기에 국민의 책임은 없었을까요? 청문회장에서 우병우, 김기춘, 조윤선이 그랬던 것처럼 우리도 "최순실을 몰랐다"고 억울해하면 되는 걸까요? 2012년 대선 때, 우리는 토론회를 한사코 거부하는 후보를 대통령으로 뽑아주었습니다. 그 후보가 나와 같은 지역 출신이어서, 댓글 때문에, 상대방 후보가 종북으로 보여서 등등 나름의 이유는 있었을 테지만, 후보의 역량과 정책을 꼼꼼히 검증하는 데 게을렀던 건 분명한 사실입니다. 일단 당선된 뒤 끌어내리는 게 굉장히 어렵다는 점에서, 선거 때 제대로 된 후보를 뽑는 건 중요한 일입니다.

이 책은 제 나름으로 정리한 박근혜 정부 4년의 기록입니다. 2주마다 쓴 칼럼을 책으로 묶은 이유는 다시는 이런 대통령이 나와서는 안 된다는 바람에서였습니다. 읽다 보면 박근혜 전 대통령이 얼마나 국민 알기를 우습게 알았는지 바로 느낌이 온답니다. 그런데 이 책에는 다른 책이 못 가진 커다란 장점이 있습니다. 글 대부분이 반어법으로 쓰인 거라 욕인지 칭찬인지 헷갈릴 수 있거든요. 박근혜 전 대통령 때문에 힘드셨던 분들은 물론이고 그분한테 죽고 못사는 박사모들도 즐겁게 읽을 수 있다는 것, 이것이야말로 『B급 정치』만이 줄 수 있는 장점이 아닐까요? 책을 읽으며 선거를 잘하겠다는 마음과 함께 즐거움도 느끼시기 빕니다.

2017년 3월 20일 아침
집구석에서

차례

제**4**장

민주주의
의
적들

제 1 장

———

대통령 전 상서

최악의 정치는 국민과 다투는 것이다.

— 사마천(司馬遷, B.C. 145?~ B.C. 86?)

/

저는
대통령
박근혜입니다

　　　　　존경하는 국민 여러분, 여러분
이 아시다시피 저는 지난 1998년 대구 재보궐 선거를 통해
정치에 입문한 뒤 대통령인 지금에 이르기까지 단 한순간
도 국가와 국민을 생각해본 적이 없습니다. 제가 어쩌다 시
장이나 공장, 노숙자쉼터 등 소외되고 어려운 서민을 찾아갔
던 것은 그들의 목소리를 듣기 위함이 아니라, 그저 한 번 얼
굴을 비치기 위해서였습니다. 제가 입만 열면 신뢰를 강조한
것도 사실은 저도 저를 믿지 못했기 때문이며, 행여 국민들
이 그 사실을 알아챌까봐 두려워 선수를 친 것이었습니다.
　　목표했던 대통령이 된 뒤에는 정말 원 없이 놀았습니다.

원래 지킬 생각이 없었던 공약은 잊으려 노력했고, 제가 해야 할 국정 과제는 최순실이 챙기도록 했습니다. 그 대신 피부 관리를 위해 할 수 있는 모든 노력을 다했습니다. 대통령이 국가의 얼굴이니만큼 좋은 피부를 보여드리는 게 선진국으로 인정받는 길이라는 믿음 때문이었습니다. 저는 정치인의 여정에서 단 한 번도 부정부패에 연루되지 않은 적이 없었고, 주변의 비리에 한없이 관대했습니다. 1년만 더 버티면 임기를 마칠 수 있는데, 최순실의 국정농단이 탄로 나는 바람에 탄핵 심판을 기다리는 지금의 현실이 너무나 참담하고 안타깝기만 합니다. 거짓말을 워낙 자주하다 보니 이젠 입만 열면 저절로 거짓말이 나오긴 하지만, 그래도 탄핵을 앞두고 제 소회를 말씀드릴까 합니다.

저는 원래 말을 잘 못합니다. 말을 하다 보면 주어와 동사가 헷갈리고, 엉뚱한 데서 목적어가 튀어나옵니다. 제18대 대통령 선거를 치르면서 제 빈약한 언어 능력을 국민들에게 들킬까봐 토론을 한사코 거부했습니다. 대통령이 된 뒤에는 미리 준비된 대본이 없으면 일절 사람들 앞에 나서지 않았고, 꼭 해야 하는 연설은 프롬프터를 그대로 읽었습니다. 질의응답을 할까봐 서둘러 회견장을 빠져나가는 것도 잊지 않았습니다. 그럼에도 제 말이 무슨 말인지 제대로 전달되지 않는 경우가 많았습니다. 그런 연유로 저는 연설문을 작성할 적에 최순실의 의견을 들은 적이 있었는데, 그가 특검에서 '공황장애'를 '공항장애'로 쓰는 걸 보면서 괜히 물어보았다는, 늦은 후회가 듭니다.

다음으로 재단 설립에 대해 말씀드리겠습니다. 아버지가 기업들에서 돈을 뜯는 장면을 인상 깊게 본 탓인지 저는 대통령에 당선되기 전부터 기업의 돈을 갈취할 욕심이 있었습니다. 국위 선양이나 국가 브랜드 이미지 제고보다는, 최순실의 이익이 곧 대통령의 이익이라며 기업 회장을 협박했습니다. 기업인들도 경영권 승계라든지 감방에 있는 회장이 사면된다든지 하는 선물을 받았으니, 이건 서로 윈-윈이라고 생각한 점도 있습니다. 게다가 저는 대통령이라 임기 중 어지간한 범죄를 저지르지 않는 한 형사상 소추를 받지 않습니다. 그럼에도 특검이 저를 뇌물죄로 엮으려는 걸 보면서 세상 참 빡빡해졌구나 싶어 한숨이 나옵니다. 이럴 줄 알았으면 괜히 대통령이 되었다는 자괴감이 듭니다.

이제 중소기업에 특혜를 주었다는 의혹에 대해 말씀드리겠습니다. 최순실이 제게 KD코퍼레이션이라는 회사가 현대자동차에 납품할 수 있게 하라고 했을 때, 저는 그 회사가 뭐하는 회사인지도 몰랐습니다. 그럼에도 그 회사가 최순실

의 지인이 경영하는 회사인지라 관련 수석에게 "반드시 성
사시켜라"라고 전달한 것입니다.

　세월호 사고에 대해 말씀드리겠습니다. 재난이 발생했을
때 대통령은 보좌진의 의견을 듣고 신속하게 결정을 내려
야 합니다. 하지만 의견을 들어도 무슨 말인지 못 알아들으
며, 현명한 판단과는 담을 쌓은 제가 촌각을 다투는 그 상황
에서 무엇을 할 수 있겠습니까? 보좌진 역시 큰 사건이 터져
도 제게 보고하지 않은 지 오래입니다. 후회스러운 점은 중
앙재난안전대책본부에 도착해서 "그렇게 발견하기가 힘듭
니까?"라는 말을 한 것입니다. 슬픈 표정으로 입을 닫고 있
으면 될 것을, 그 말로 인해 제가 아무것도 모른다는 사실을
만인이 알아버렸습니다. 제가 검찰과 특검, 헌재에 아예 나
가지 않은 것도 그때 얻은 교훈 때문입니다. 침묵이 금이라
는 옛말은 곱씹을수록 명언입니다.

　국민 여러분, 저는 정치인으로서 지켜야 할 가치 중 가장
중요한 것은 가진 자들이 더 잘사는 나라를 만드는 것이라
믿고 살아왔습니다. 이 땅의 모든 젊은이가 학교 졸업 후 비
정규직이 될 수 있게 돕고, 우리 후손들이 아이 낳기가 두려
운 나라를 만드는 것이 제가 책임지고 해야 할 사명으로 생
각하고 혼신의 노력을 다해왔습니다. 정부에 불만을 토로하

는 이는 과감하게 빨갱이로 몰고, 블랙리스트에 올렸습니다.

혹시 탄핵이 기각되어 제가 대통령을 더 하게 된다면, 남은 임기 동안에도 지금까지 해오던 일들을 하면서 국가적 혼란을 가중시키기 위해 최선을 다하겠습니다. 국민 여러분의 현명한 판단과 깊은 혜량을 부탁드립니다. (2017. 3. 1.)

※ 최순실 국정농단 사태와 관련해 박근혜 대통령을 주어로 해서 쓴 가상 글이다.

/

대통령의
건투를
빈다

      삼성전자 이재용 부회장이 국정
조사에서 증인으로 출석한 날, 더불어민주당 안민석 의원은
"대통령과 단둘이 만나 무슨 이야기를 했냐"고 물었다. 이
부회장은 창조경제에 대해 30~40분간 대화를 나누었다고
대답했다. 안민석 의원이 말한다. "대통령의 머리로는 창조
경제에 대해 30~40분 동안 이야기할 만한 그런 지식이 없
으세요. 무슨 이야기 했습니까, 30~40분 동안?"

  새누리당은 '금도를 넘는 인신공격'이라고 비난했지만, 국
민들의 반응은 없다시피 했다. 안민석 의원의 발언에 대부
분 동의했기 때문이리라. 대통령이 세 차례에 걸친 대국민

담화를 하면서 질문을 받지 않은 것과 가까운 시일 내에 기자들에게 질문할 기회를 주겠다는 약속을 지키지 않은 것도 질의응답을 통해 자신의 지적 수준이 드러나는 것을 두려워했기 때문이잖은가?

아는 게 없어도 대통령을 할 수 있다는 걸 박근혜 대통령이 보여준 덕분일까? 고교생을 대상으로 강의를 한 뒤 사인을 해줄 때 장래 희망을 꼭 묻는데, 대통령이 꿈이라는 학생들이 요즘 들어 부쩍 늘었다. 나라를 잘 만들어보겠다는 뜻을 가진 이도 있겠지만, 아무래도 대통령만 한 '꿀직업'이 없다는 걸 알아챘기 때문인 듯하다.

첫째, 아무것도 안 해도 된다. 하루 일과의 대부분을 관저에 있다가, 가끔 집무실에 나와서 남이 써준 원고를 읽기만 해도 2억 1,200만 원의 연봉이 꼬박꼬박 입금된다. 김기춘 전 비서실장은 다음과 같이 말한다. "대통령은 일어나시면 그게 출근이고 주무시면 퇴근이다." 이 논리대로라면 관저에서 태반주사를 맞든 미용시술을 하든, 아니면 드라마를 보든 아무 상관이 없다. 이런 꿀직업이 도대체 어디 있단 말인가? 더 놀라운 것은 5년을 이렇게 놀아도 전직 대통령으로서 예우를 받는데, 그게 자그마치 1억 5,000만 원에 달하는 연금과 비서관 3명, 운전기사 1명이다. 이쯤 되면 기를 쓰고 대통령 한번 해볼 만하지 않겠는가?

둘째, 충성스러운 부하가 많다. 세월호 침몰 당시 대통령의 대처는 크게 잘못되었다. 대통령의 지적 수준으로 보아 일찍부터 중앙재난안전대책본부에 나와 있었다고 결과가 크게 달랐을 것 같지는 않지만, 최소한 국가적 재난 때라도 자리를 지키라고 그런 대우를 해주는 것 아닌가? 그럼에도 7시간이나 자리를 비웠다면 욕을 먹어도 싼데, 그 공백을 입증해줄 수많은 증인이 하나같이 입을 닫거나 거짓말을 하고 있다. 특히 청와대 대변인의 활약은 눈물 없이는 볼 수 없을 지경인데, 그날 오후 대통령이 머리를 올리면서 보고를 받았다는, 자신도 안 믿을 말을 해명이랍시고 해대는 그를 볼 때마다 마음이 아프다. 이쯤 되면 기를 쓰고 대통령 한번 해볼 만하지 않겠는가?

셋째, 지인에게 한턱 크게 쏠 수 있다. 친하게 지내는 지인에게 선물을 주면서 폼을 잡고 싶은 것은 인간의 기본적인 욕망이다. 하지만 그렇게 못하는 것은 자신의 사정이 여의치 못하기 때문인데, 대통령이 되면 지인이 바라는 바를 다 들어줄 수 있다. 특히 좋은 점은 자기 돈을 전혀 쓰지 않아도 된다는 것이다. "나쁜 사람이라더라"는 한마디로 공직자의 자리를 빼앗을 수 있고, 관저로 재벌 총수를 불러서 몇

마디 하면 수십억, 아니 수백억 원의 돈이 생긴다. 나중에 걸리면? 걱정하지 마시라. 몰랐다고 하면 그냥 넘어갈 수 있다. 이쯤 되면 기를 쓰고 대통령 한번 해볼 만하지 않겠는가?

넷째, 가고 싶은 곳은 어디든 갈 수 있다. 매일이 휴가지만, 그래도 다들 휴가 가는 여름이 되면 또 놀러 가서 모래사장에 낙서를 하는 것, 이게 바로 대통령의 행복이다. 그뿐이 아니다. 미국을 비롯해 프랑스, 우즈베키스탄 등 원하는 나라는 어디든 갈 수 있다. 국내에서도 그랬듯이 외국에 간다고 특별히 하는 일은 없지만, 그래도 남들 눈에는 뭔가 하는 것처럼 보이니 일석이조다. 오고 갈 때 편안한 전용기를 타고 가는 것은 보너스다. 이쯤 되면 기를 쓰고 대통령 한번 해볼 만하지 않겠는가?

다섯째, 대통령은 임기 중 형사소추를 받지 않는다. 지금 감옥에 있는 이들 중 박근혜 대통령만큼 큰 잘못을 한 사람을 찾는 것도 쉽지 않지만, 박근혜 대통령은 감옥 대신 평소 좋아하던 관저에 머물고 있다. 이만한 죄를 짓고도 관저에 있을 수 있는 건 물론 자신이 대통령이기 때문이다. 게다가 대통령은 '종북'에 관한 한 절대적인 권한을 갖는다. 남들은 빨간 옷만 입어도 종북으로 몰지만, 대통령은 김정일에게 매우 비굴한 편지를 보낸 게 드러나도 종북이 되지 않는다. 이쯤 되면 기를 쓰고 대통령 한번 해볼 만하지 않겠는가?

아이들마저 선망해 마지않는 이 자리를 대통령이 물러나기 싫어하는 것은 너무도 당연하다. 대통령이 "모든 것을 내려놓았다"던 3차 대국민 담화 때의 약속을 지키는 대신 영혼을 팔아치운 분들로 변호인단을 꾸리고 자신이 저지른 죄를 모조리 부인하고 있는 건 그 때문이다. 국민들의 분노가 하늘을 찌르지만, 박근혜 대통령은 전혀 개의치 않는다. 그래야 자라나는 아이들에게 대통령의 꿈을 심어줄 수 있으니까. 대통령의 건투를 빈다. (2016. 12. 21.)

/

가짜
대통령

"지금 CJ가 만드는 영화가 뭔지 알아? 왕이 있는데 그 왕이 사실은 가짜라는 거야." 방송국 PD로 일하는 지인은 영화 〈광해〉를 그렇게 설명했다. 그녀의 설명은 다음과 같았다. 고故 이맹희는 삼성가의 장남이었지만, 삼성을 물려받은 건 3남인 이건희 회장이었다. 이맹희 측으로선 이게 못내 속이 상할 만하다. 그래서인지 이맹희는 늘 이건희 회장과 대립했는데, 선대인 이병철 회장이 남긴 삼성 비자금에 대해 자신도 상속권이 있다며 소송을 낸 것은 그 대표적인 예다.

이맹희의 장녀이자 CJ 부회장인 이미경은 그래서 '삼성그

룹의 진정한 후계자는 이맹희이고 이건희는 가짜다'라는 취지의 영화를 제작함으로써 아버지의 한을 풀어드리고 싶었고, 그게 〈광해〉가 탄생한 비밀이라는 것이다.

'영화가 개봉되면 한바탕 논란이 되겠구나' 했는데, 영화가 1,000만 관객을 향해 흥행몰이를 하는 내내 그런 기미는 전혀 보이지 않았다. 그도 그럴 것이, 그 영화를 보면서 이맹희와 이건희의 관계를 떠올리는 건 도대체가 말이 안 되었다. 오히려 영화 속 이병헌이 분한 '광해군'은 그로부터 3년 전 정권의 핍박에 목숨을 잃은 노무현의 모습을 떠오르게 했다. "대체 이 나라가 누구의 나라요. 뭐라? 이 땅이 오랑캐에게 짓밟혀도 상관없다? 부끄러운 줄 아시오. 그깟 사대의 명분이 뭐길래 2만 백성을 사지로 내몰라는 것이오." 명대사로 회자되는 이 말도 왠지 노무현이 평소 하던 말처럼 들린다.

언론 보도에 따르면 박근혜 대통령이 당시 경영 일선에 있던 이미경 부회장의 퇴진을 요구한 것도 역시 〈광해〉와 〈변호인〉 등 노무현을 띄우는 영화를 만들었기 때문이란다. 청와대 수석비서관이 CJ를 찾아가 "VIP의 뜻", "너무 늦으면 난리난다"라며 퇴진을 종용했다는 증언도 나온다. 결국 이미경 부회장은 지병 치료를 이유로 미국에 감으로써 정권의 압력에 굴복한다.

최순실 게이트로 인해 온 나라가 시끄럽다. 박근혜 대통령은 허수아비이고 실제 국정을 좌지우지한 자는 최순실이었다는 사실에 국민들은 넋이 나갔다. 전통적인 지지층마저 등을 돌리는 바람에 콘크리트 같던 박근혜 대통령의 지지율은 5퍼센트대로 추락했다. 이 사태를 겪고 나자 〈광해〉가 다시 보인다. 진짜 왕은 따로 있다는 〈광해〉의 메시지가 '박근혜 뒤에 최순실이 있다'는 현실을 그대로 말해주는 것 같지 않은가? 물론 CJ에서 이런 사실을 알고 영화를 만들었을 리 없겠지만, 지금 이 영화를 다시 본다면 어쩌면 이렇게 미래를 예측했을까 하는 생각에 소름이 돋았을지도 모르겠다.

하지만 내가 〈광해〉를 좋은 영화라고 생각하는 건 이렇듯 여러 가지 의미로 해석되기 때문만은 아니다. 무엇보다 〈광해〉는 재미있는 영화다. 일본 네티즌들도 이 영화에 기꺼이 찬사를 바쳤는데, 그건 영화의 의도가 무엇이든 관객이 즐길 수 있도록 흥미진진하게 만들었기 때문이리라. 역사책에 나오는 문장 한두 줄에 상상력을 입혀 이런 대작을 만들었다는 게 대단하게 느껴진다. 하지만 정권의 눈치를 보기 시작한 이후 CJ는 더는 재미있는 영화를 만들지 못한다. 그 이후 CJ가 만든 〈국제시장〉을 극장에서 보았다. 이 영화를 인상 깊게 보았다는 박근혜 대통령과 달리 나는 '내가 왜 이런 영화를 돈 주고 본단 말인가!'라며 머리를 쥐어뜯었다. 그 뒤 CJ가 만든 영화가 〈연평해전〉이라니, 한국판 '픽사Pixar Animation Studios'가 될 수도 있었던 영화사가 한없이 몰락하는 광경이 못내 아쉽다.

영화는 상상력의 결정체로, 그 상상력에 제약이 가해지면 좋은 영화가 나오기 어렵다. 많은 관객이 즐거워하는 영화 대신 자신만 즐거운 영화를 만들기를 원하는 대통령이라니, 문화에 무지한 대통령을 갖는 건 국민에게 비극이다. 그 무지가 문화에 국한된 게 아니라는 것이 더 큰 비극이지만 말이다. (2016. 11. 12.)

박근혜와
'손자병법'

박근혜 대통령의 지지율이 29퍼센트로 떨어졌다. 취임 이후 최저로, 유난히 고정 지지층이 많았던 걸 감안하면 충격이라 할 만하다. 이렇게 된 이유는 여러 가지일 테지만, 딱 한 가지를 뽑자면 '어디 한 분야도 잘한 게 없다 보니 지지자들마저 지쳤다'이리라. 하지만 나는 이걸 '시대와의 불화'라고 생각한다. 지금은 욕을 먹지만, 시대가 달랐다면 박근혜 대통령 스타일은 훨씬 더 높은 지지를 이끌어낼 수 있었을 테니까. 이게 괜한 소리가 아님을 '손자병법'을 동원해서 증명해본다.

첫째, "성동격서聲東擊西는 동쪽을 공격한다고 소리 질러 놓고 실제로는 서쪽을 공격한다는 뜻으로, 상대를 혼란시켜서 허를 찌르는 병법이다."

경주에 강도 높은 지진이 난 다음 날, 대통령은 국무회의에서 지진에 대해서는 간단히 언급한 채 북한에 대한 강도 높은 비판을 했다. 핵을 탑재한 미사일 한 발만 쏘면 북한 정권을 끝장내겠단다. 일부에서는 이 발언이 좀 뜬금없는 거라고 이야기한다. 과연 그럴까? 지진이 아무리 무서워도 북한보다야 덜하다. 북한 핵미사일이 터지는 상황을 가정하면 지진 정도는 아무것도 아닌 것처럼 느껴진다. 그러니까 대통령의 이번 전략은 적이 나타났을 때 그보다 큰 적의 존재를 언급함으로써 사람들로 하여금 상대적으로 안전하다고 느끼게 하자는 취지였다. 대통령이 이번 지진에 대해 "국민들이 걱정하지 않도록 잘 대처하라"고 했다면 어땠을까? 사람들은 이게 하나마나한 소리라고 생각했을 테고, 괜히 불안만 더 가중시켰으리라.

둘째, "전쟁을 할 때 적보다 10배의 병력이면 포위하고, 5배의 병력이면 공격하고, 적보다 적은 병력이면 도망치고, 승산이 없으면 피한다."

2016년 4월 총선에서 패배한 뒤 청와대는 한동안 아무런 논평도 내놓지 않았다. 그건 새누리당 너희의 일이니까 나는 관계없다는 식이었다. 보통 사람들은 이런 반응을 도무지 이해할 수 없었다. 그도 그럴 것이 새누리당의 총선 패배는 유승민을 탈당시키는 등 민심을 떠나게 만든 박근혜 대통령에게도 책임이 있기 때문이었다. 하지만 청와대의 침묵은 사실 손자병법을 따르는 길이었다. 총선 결과 의석수가 더불어민주당에 밀려 제2당으로 전락한 상황이니 싸움을 회피하면서 탈당해서 당선된 이들의 복당을 기다리는 게, 즉 수적으로 우세할 날을 기다리는 게 나았으니까.

셋째, "전쟁에서 장수가 충직하냐 그렇지 못하냐에 따라 군대의 강함과 약함이 결정된다."

2014년 12월, 정윤회 게이트가 화제가 되었다. 정윤회가 사적으로 비서진을 부리면서 국정을 농단한다는 이야기였다. 그 배후에 박근혜 대통령 남동생(박지만)과의 갈등이 있다는 설도 제기되었다. 이에 대한 대대적인 조사로 가려진다면 사실 여부를 떠나 모두 상처를 입을 가능성이 농후했다. 그 때문에 박근혜 대통령은 자신의 지지도가 떨어지는 것은 개의치 않은 채, 측근들을 챙겼다. "내가 알아보았는데 사실무근이더라"라는 말로 추가적인 감사 가능성을 없애버렸고, 오히려 그 사실을 외부로 유출한 사람을 문제 삼았다.

요즘 한창 문제되는 미르재단과 최순실의 관계도 마찬가

지다. 이번 사건에서도 대통령은 최순실 개입설에 대해 "일고의 가치도 없다"며 선을 그었다. 야당은 최순실 등을 국정감사에 증인으로 세우려고 갖은 노력을 했지만, 대통령의 뜻을 받든 새누리당은 결사적으로 그 사태를 막아냈다. 이 광경을 지켜보는 국민들은 어떤 생각을 할까? 필경 "저런 대통령이라면, 나도 측근이 되고 싶다"며 부러워하지 않았을까? 이는 장수들의 충성을 이끌어내는 가장 좋은 방법이다.

박근혜 대통령이 흔히 쓰는 전략들은 다 손자병법에 근거가 있는 것들이다. 투명함을 강조하는 요즘 세상에선 이런 것들이 '꼼수'라 폄하되니, 대통령이야말로 시대를 잘못 만난 게 아니겠는가? 대통령께서 300년쯤 전에 태어나셨다면 좋았을 뻔했다. 자신은 물론 국민들에게도. (2016. 10. 15.)

/

대통령의
사과

"안중근 의사께서는 차디찬 하얼
빈의 감옥에서 유언을 남기셨다." 박근혜 대통령이 2016년
8·15 경축사 도중 했던 말이다. 안타깝게도 안중근 의사는
하얼빈 감옥이 아닌, 뤼순 감옥에서 순국했다. 안중근 의사
가 이토 히로부미를 저격한 곳이 하얼빈역이어서, 그 대목
을 헷갈린 모양이다. 물론 원고 쓰는 이의 잘못이지만, 그걸
모른 채 읽은 대통령에게도 책임은 있다. 걸그룹 가수 설현
이 안중근 의사의 사진을 몰랐다고 공개 사과를 한 예에 비
추어보면 대통령은 훨씬 더 큰 사과를 했어야 하지만, 두루
뭉술 넘어가고 말았다.

비단 이 일만이 아니라 대통령은 사과를 했어야 할 일에
도 침묵을 지키거나 잘못한 게 없다며 우기셨다. 상처받은
마음을 달래려면 진심 어린 사과가 필요한 법이라는 점에
서, 사과에 인색한 대통령을 가졌다는 건 우리 국민의 불행
이다. 『공개 사과의 기술』이란 책을 보니 사과라는 게 꼭 쉬
운 것만은 아니었다. 많은 유명인이 사과에 인색해 일을 그
르치기도 했는데, 이 책에 의하면 사과도 그에 필요한 자질
을 갖춘 사람만이 가능한 일이었다. 그 자질은 다음과 같다.

첫째, 상대방이 자신으로 인해 기분이 나빴다는 것을 알아
야 한다. 일견 당연해 보이지만 이것을 아는 것도 쉬운 일은
아니다. '하얼빈 감옥' 발언에 대해 대통령이 사과하지 않는
것은 역사에 대한 대통령의 무지가 국민들을 기분 나쁘게
한다는 걸 몰라서가 아닐까?

둘째, 기억력이 어느 정도 되어야 한다. 자신이 한 일을 자
신이 모른다면, 사과할 필요가 없지 않겠는가? 무엇을 잘못
했는지 모르면서 하는 사과는 안 하느니만 못하니까. 밀양
신공항이 백지화된 일을 보자. 원래 신공항은 이명박 정부
에서 검토했다가 경제성이 없다고 반려한 사업이었다. 그런
데 박근혜 대통령이 대통령 후보 시절 다시금 신공항을 공
약함으로써 지역 주민들을 갈등으로 몰아넣었는데, 이번에

도 결론은 같았다. 그렇다면 대통령이 해당 주민들에게 사과를 해야 정상이건만, 대통령은 청와대 대변인을 시켜 "김해공항 확장이 곧 신공항"이라는 궤변을 하게 함으로서 사과를 피해갔다. 왜? 7시간쯤 자리를 비우고도 그 시간 동안 무슨 일을 했는지도 모르는 분이 대선 때 표를 얻기 위해 하신 말씀을 기억하실 리가 있겠는가?

셋째, 사과에 대해 긍정적인 생각을 갖고 있어야 한다. 사과는 과거의 잘못을 인정하고 더 나은 개선된 미래를 약속하는 행위인데, 사과를 '굴복'과 동일시해 버리면 사과하기가 싫어진다. 예컨대 우병우 민정수석 문제가 그렇다. 자신이 믿고 기용한 측근이 비리를 저지르면 해임한 뒤 자신이 사람을 잘못 보았다고 사과하는 게 맞지만, 대통령은 이 사건을 "근거 없는 의혹을 통한 정권 흔들기"로 규정하며 해임을 요구하는 여론과 대결하고 있지 않은가?

넷째, 자신의 책임을 축소한다. 옛날 왕은 가뭄이 들어 백성들이 굶으면 자신의 덕이 부족한 탓이라고 안타까워했고, 백성들은 왕의 그 말을 들으며 마음의 위안을 받았다. 왕과 비교할 수야 없지만 대통령도 그와 비슷한 역할을 하니, 메르스 때나 세월호 참사 때 마땅히 사과를 했어야 했다. 하지만 "그게 왜 내 탓이냐?"라는 생각이 드는 순간 사과는 저

멀리 달아나 버린다. 그래서 메르스 때는 임명된 지 하루밖에 안 된 총리가 사과를 했고, 세월호 때는 그래도 대통령이 사과를 했지만, 싫은데 억지로 끌려나와 했다는 게 너무 티가 났다.

한 가지가 더 있다. 사과를 해서 좋았던 경험이 없으면 사과를 잘 안 하게 된다. 그러니 대통령이 진심 어린 사과를 한다면 평소 대통령을 지지하지 않았던 사람이라도 "감동이다", "이런 일이 내 생애에 일어나다니" 같은 말로 격려해주어야 마땅하다. 아쉽게도 우리에겐 이런 면이 부족했다. 물론 단 한 번도 진정한 사과를 하지 않은, 그래서 우리가 격려할 기회를 주지 않은 대통령에게 더 큰 잘못이 있지만 말이다. (2016. 9. 18.)

대통령의
리더십

우병우 민정수석은 결국 추석 때
까지 자리를 지키게 되었다. 민정수석이 검찰 조사를 받는,
헌정사상 초유의 사건을 볼 생각에 벌써부터 가슴이 설레는
데, 여기엔 박근혜 대통령의 눈물겨운 리더십이 있었다. 안
타까운 일은 사람들이 이 사실을 잘 모른다는 것이다. 모두
가 손가락만 볼 때 달을 보라고 권하는 게 글의 존재 이유라
면 보수 쪽 인사들이라도 여기에 대해 언급해주어야 할 테
지만, 레임덕 때문인지 그들은 이 문제를 모른 체하고 있다.
박근혜 대통령을 옹호하는 게 좀 어색할 테지만, 대통령에
게 드리는 추석선물로 받아들여주면 좋겠다.

우병우 민정수석의 비리는 박근혜 대통령과 별 상관이 없다. 설령 우병우 민정수석이 처가의 땅을 기업에 비싸게 강매하고, 공직자 재산공개 때 주식 81억 원을 5,000만 원으로 줄여 신고했고, 페이퍼컴퍼니를 운영하면서 각종 이득을 취한 게 사실이라고 해도, 그런 사람을 왜 민정수석으로 뽑았느냐고 따질 수는 있지만, 이게 다 박근혜 대통령의 책임이라 할 수는 없다. 국민들이 대통령에게 바라는 것은 "그런 사람이 민정수석 자리에 앉아 공직자를 검증하는 게 말이 안 되니, 우병우 민정수석을 해임하라"다.

민정수석의 해임은 그리 어려운 게 아니다. 마음만 먹으면 당장에라도 된다. 이 간단한 일을 대통령은 하지 않고 있으니, 국민들의 비판이 우병우 민정수석에서 대통령으로 바뀔 수밖에 없다. 즉, 대통령은 우병우 민정수석이 받아야 할 비판을 대신 받아주고 있다. 진정한 리더가 아랫사람의 잘못도 감싸 안는 존재라면, 박근혜 대통령은 우리 사회에서 보기 힘든 책임 있는 리더인 셈이다.

대통령의 리더십은 우병우에게만 미친 게 아니었다. 최근 농림축산식품부 장관에 임명된 김재수는 모 기업에서 부동산 특혜를 받고, 그 기업과 특수 관계인 해운회사에 부실 대출을 하도록 영향력을 행사했다는 의혹을 받았다. 같은 날

문화체육관광부 장관이 된 조윤선은 생활비가 5억 원에 달할 만큼 과소비를 일삼은 게 문제가 되었다. 하지만 이 둘은 별다른 걸림돌 없이 장관이 되었다. 야당이 해임건의안을 내겠다고 했지만, 국민들의 관심은 심드렁하다. 비리 백화점이라 할 만한 우병우가 민정수석으로 있으니 이 둘의 흠결은 별 게 아닌 것처럼 보이는 착시효과가 일어나 버린 것이다. 이쯤 되면 '리더십의 승리'라 할 만하지 않은가?

대통령의 리더십이 갑자기 생긴 건 아니다. 2012년 대선때 국정원은 직원들을 시켜 여당 후보에게 유리한 댓글을 달게 했다. 다들 알다시피 국정원을 좌지우지하던 이는 당시 대통령인 이명박이었으니, 설령 댓글 덕분에 박근혜 대통령이 당선되었다고 하더라도 그 사건의 책임은 엄연히 이명박 전 대통령에게 묻는 게 맞다.

하지만 박근혜 대통령은 대통령이 된 뒤 국정원에 셀프개혁, 즉 '니들이 알아서 잘 처신하라'고 한 데 이어 이 사건을 열심히 수사하던 검찰총장을 낙마시킴으로써 진상규명과 책임자 처벌을 무산시켰다. 사정이 이렇게 되자 세간의 여론은 박근혜 대통령에게 향하기 시작했다. 심지어 박근혜 대통령이 국정원 댓글 사건을 일으켰다고 주장하는 이까지 나왔다. 이 모든 비판을 박근혜 대통령은 스스로 떠안았다. "네가 방귀 뀌었냐?"는 질문에도 화들짝 놀라며 손사래를 치는 우리 같은 민초들은 상상도 못할 경지의 포용력이었다. 이 리더십은 국정원을 감화시켰다. 그 결과 국정원은 정권 보위라는 본연의 임무를 더 충실히 수행하고 있고, 서울시에서 공무원으로 있던 유우성에게 간첩 혐의를 뒤집어씌워 가두는 등 본업과 무관한 대공 업무도 이따금씩 수행하고 있는 중이다. 이것 역시 리더십의 승리라 할 만하다.

하지만 박근혜 대통령이 발휘한 리더십의 백미는 역시 세월호 사건이었다. 배가 침몰하는 일은 언제든 일어날 수 있고, 그게 대통령 탓은 아니다. 문제는 해양경찰청(해경)이 왜 승객들을 구조하지 않았는지였다. 세월호 유족들이 진상규명을 요구하는 것도 다 이 때문인데, 해경을 박근혜 대통령이 만든 게 아닌 이상 철저한 조사와 책임자 처벌이 이루어졌다면 이걸 가지고 대통령을 욕할 사람은 많지 않을 터였다. 그런데 이상했다. 대통령은 별다른 조사도 하지 않은 채 해경을 해체해버렸다. 졸지에 비판의 대상이 사라져버린 셈이다. 게다가 대통령은 세월호 유족들과 했던 약속을 지키지 않았고, 만나 달라는 요구에는 대꾸조차 하지 않았다. 진상조사를 위한 특별조사위원회가 방해를 받아 제대로 된 활동을 못하는 것도 수수방관했다.

세월호에 대해서는 되도록 말을 아꼈고, 1주년 때는 갑자기 중남미 순방을 떠나기도 했다. 이렇게 되자 사람들은 해경 대신 박근혜 대통령에게 비판의 화살을 날렸다. 심지어 세월호가 국정원의 음모라고 하거나, 대통령이 침몰 당일 7시간 동안 자리를 비운 것도 뭔가 있기 때문이라고 주장하는 이도 생겼다. 이 모든 비판을 대통령은 묵묵히 감당하고 있다. 이 리더십은 필경 전직 해경들을 감동시켰을 터, 혹시 대통령이 바다에 빠진다면 수백 명의 전직 해경이 목숨을 걸고 구해내지 않을까?

아랫사람을 욕하지 말고 대신 나를 욕하라. 우리나라, 아니 세계 어느 나라를 봐도 이런 대통령은 없었다. 그분의 바람대로 이번 추석 연휴 내내 대통령을 욕해 드리자. 그분의 한가위가 훨씬 더 풍성할 수 있도록 말이다. (2016. 9. 14.)

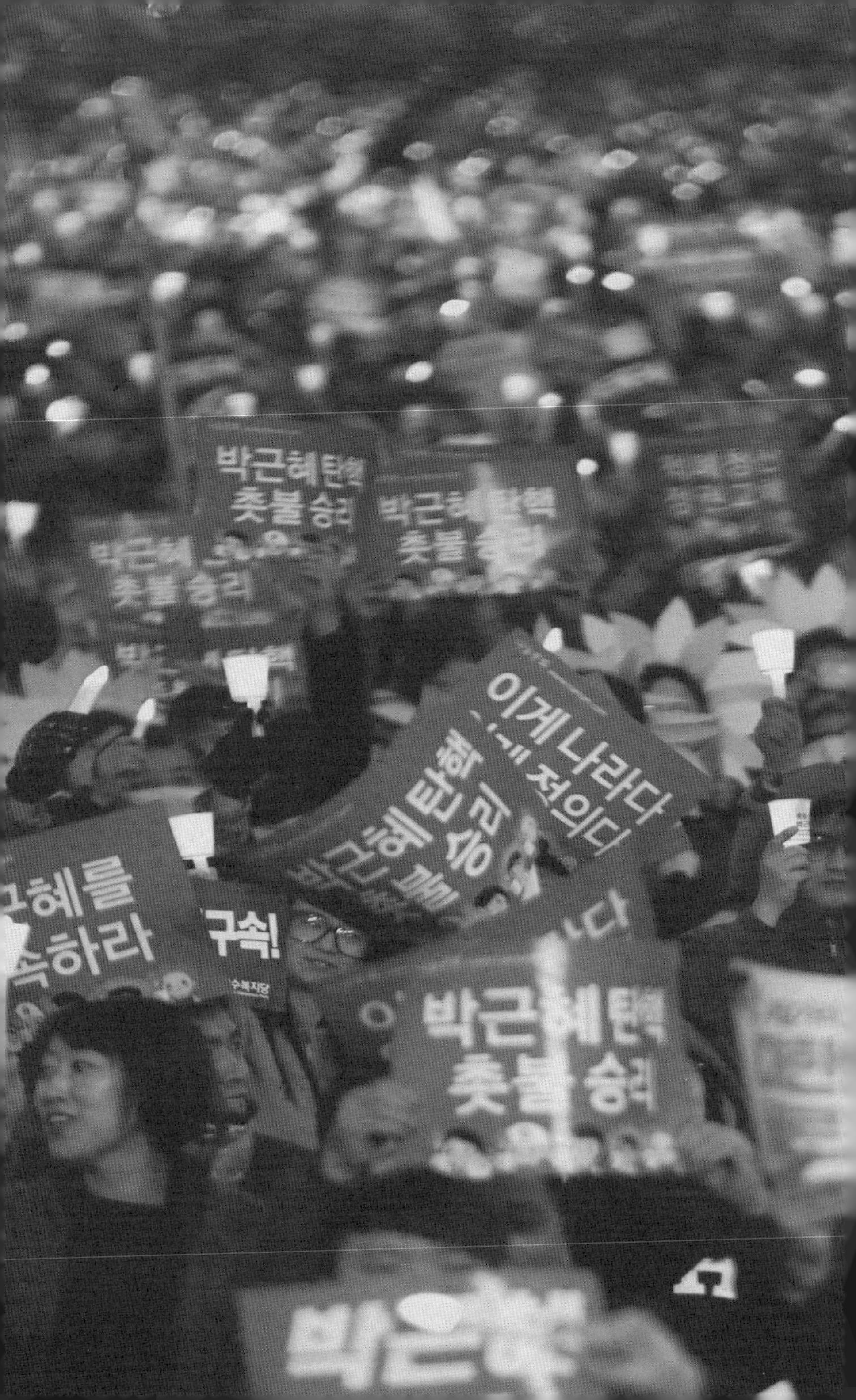
박근혜탄핵
촛불승리
이게 나라다
구속!
박근혜탄핵
촛불승리

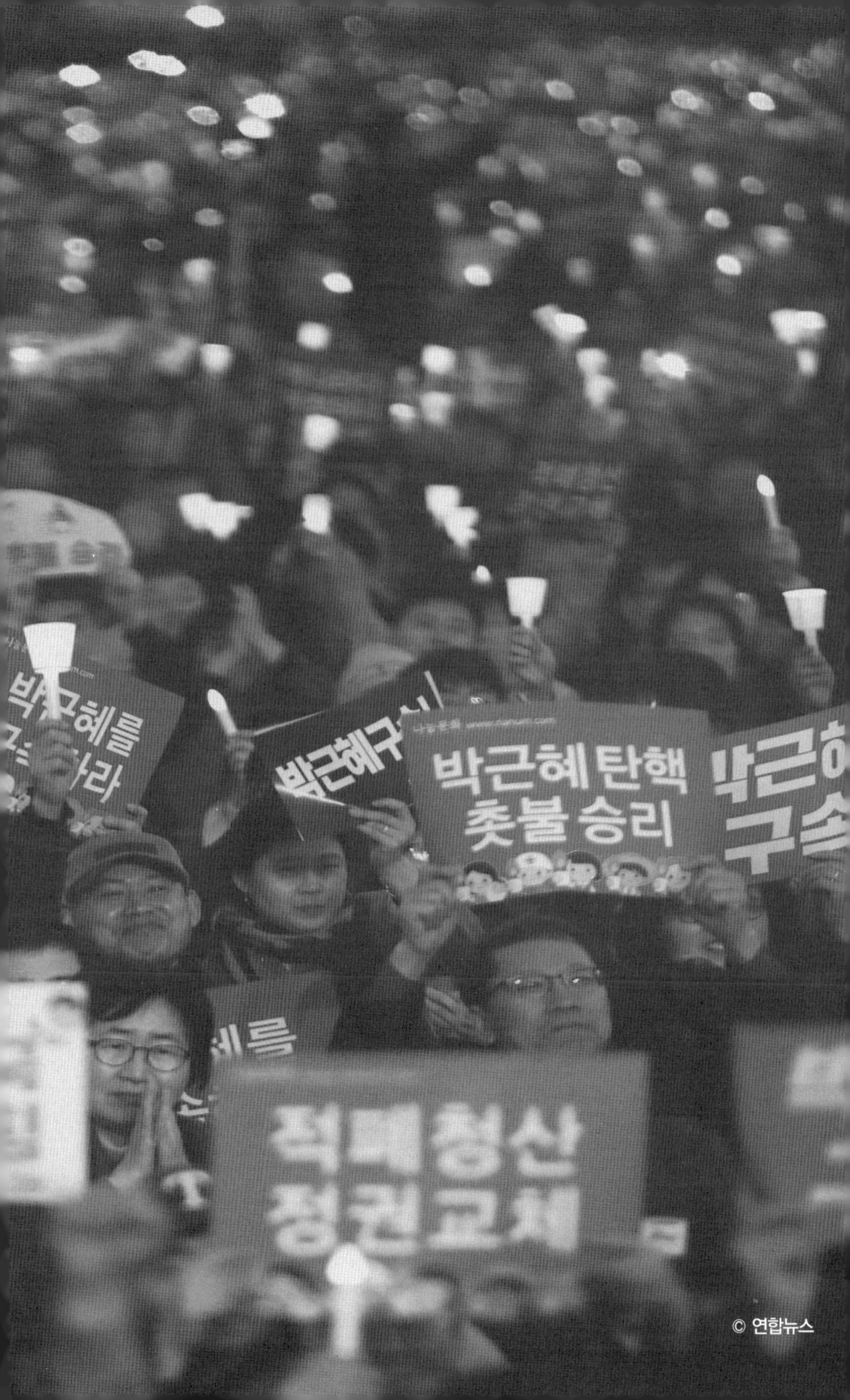
박근혜 탄핵
촛불승리

/

대통령에게
일독을
권합니다

2015년 박근혜 대통령의 여름휴가는 내게 충격 그 자체였다. 평소처럼 모래밭에 글씨를 쓰며 해맑게 지내실 줄 알았는데, 그 기간에 몇 권의 책을 읽으셨단다. 사람들이 놀라자 청와대 대변인은 다음과 같이 해명했다. "대통령님은 원래 책을 좋아하신다." 아쉬운 점은 책을 읽고 난 뒤 국정 운영이 나아지지 않았다는 것이다. 2016년 4·13 총선 때 새누리당이 참패한 것도 박근혜 대통령에 대한 국민들의 평가를 단적으로 보여준다.

책이 삶에 도움이 안 되는 경우는 크게 두 가지다. 하나는 책을 읽고도 이해를 잘 못할 때고, 두 번째는 책 선택이 잘못되었을 때다. 설마 대통령께서 전자에 해당될 리는 없으니, 읽으신 책에 문제가 있었다는 게 합리적인 해석이리라. 이럴 때 좋은 책을 추천해 드리는 건 좋게 봐서 '구국의 결단'이다. 게다가 대통령의 임기가 이제 1년 반밖에 남지 않았다는 걸 고려하면 이번 여름휴가 때 읽는 책이 성공한 대통령이 되기 위한 마지막 기회일 수 있다. 안타깝게도 대통령님은 7월 25일부터 휴가에 돌입했으니 지금 책을 추천하는 게 시기적으론 늦었다. 하지만 꼭 휴가 때만 책을 읽어야 한다는 법은 없으니, 대통령님께는 물론이고 국가 전체적으로도 이익이 될 책을 몇 권 추천해 드린다.

『내 옆에는 왜 이렇게 이상한 사람이 많을까?』. 박근혜 대통령은 가끔 억울함을 호소하신다. 당신은 열심히 일하는데, 나라 걱정에 잠도 잘 못 주무시는데 사람들은 입만 열면 대통령을 욕한다고. 박근혜 대통령으로선 도무지 이해가 안 가는 일이다. 그래서 박근혜 대통령께서는 그들을 '대통령을 흔들려는 세력' 혹은 '종북 세력'으로 지칭하며 분노를 표출하신다. 문제는 그들의 숫자가 너무 많다는 것이다. 도대체 이 나라에는 왜 이리도 이상한 사람이 많을까 하는 한탄이 나올 때 이 책을 읽어주시면 좋겠다. 특히 다음 구절을.

"어떤 남성 운전자가 고속도로를 달리고 있는데 라디오

에서 고속도로에 역주행하는 차가 한 대 있으니 조심하라는 뉴스가 흘러나온다. 그러자 그 남자는 고개를 갸우뚱하며 이렇게 말했다. '한 대라고? 수백 대는 되겠다.'……경계성 인격장애, 자기애성 인격장애, 그리고 반사회적 인격장애가 있는 사람들은 자기 자신에게는 아무런 문제가 없다고 생각한다.……사람들은 이들이 결코 변하지 않을 거라고 생각하기 때문에 결국에는 곁을 떠나게 된다."

『세월호, 그날의 기록』. 임기 초반인 2년째 일어난 세월호 참사는 박근혜 대통령의 운명을 좌우할 풍향계였다. 이 사건에 제대로 대응했다면 박근혜 대통령이 지금보다는 성공적인 대통령이 되었을지도 모르지만, 아쉽게도 박근혜 대통령은 유족의 진상규명 요구를 자신에 대한 도전으로 간주하고 그들을 적대시하는 우를 범한다. 시간이 좀 흘렀긴 해도 지금부터라도 잘하면 늦은 것은 아닌데, 그러기 위해서는 먼저 세월호 사건의 진상을 알아야 한다. 이 책은 세월호에 대한 모든 음모론을 배제한 채 지금까지 밝혀진 사실들만 담담히 적은, 진상을 아는 데 가장 좋은 책이다.

『자치가 진보다』. 지방자치에 대한 박근혜 대통령의 인식은 아마 다음과 같을 것이다. "지방자치, 그까짓 게 왜 필요해? 내가 대통령이니 내가 다 할 거야!" 하지만 지방자치가 필요한 이유는 지역마다 여건이 다르며, 중앙정부에서 그걸 일일이 파악해 대처하는 게 쉽지 않기 때문이다. 책의 한 구절을 옮겨본다.

"어느 곳, 누구에게나 적합한 보편적인 정책은 있을 수 없다. 나와 내 이웃이 안고 있는 문제는 나와 내 이웃이 가장 잘 해결할 수 있다. 함께 머리 맞대고 해결책을 찾는 것이 자치이다."

대통령께서 이 책을 읽으신다면 이재명 성남시장이 좀더 편하게 시정을 펼칠 수 있으리라.

『개성공단 사람들』. 박근혜 대통령은 임기 내내 남북문제에 제대로 대처하지 못했다. 그중 최악은 2016년 2월 개성공단 폐쇄였다. 북한에 벌을 준다면서 남한 측에 훨씬 더 큰 손해를 끼쳤기 때문이다. 이런 일이 벌어진 건 대통령뿐 아니라 주위 사람들도 북한에 대해 제대로 알고 있지 못해서다. 이미 신뢰가 깨진 마당이라 개성공단 폐쇄는 돌이킬 수 없는 일이 되었지만, 대통령께서 이 책을 통해 '내가 무슨 일을 했던가?' 정도는 느껴 보시면 좋겠다.

『댓글부대』. 제목만 보고 식겁하실까봐 미리 말씀드리면, 이 책은 국정원 댓글 사건을 다룬 다큐가 아니다. 댓글이라는 게 얼마나 영향력이 있는지를 아주 재미있게 풀어놓은 소설인데, 이 책을 읽으신다면 박근혜 대통령께서 "나는 도움 받은 적 없다"라는 말씀은 안 하실 수 있으리라.

　우리나라에서 가장 바쁜 일정을 소화하는 대통령인지라 책 5권을 추천받으면 "언제 다 읽냐"며 손사래를 치실지도 모르겠다. 하지만 시간은 저절로 생기는 게 아니라 만드는 것이며, 자투리 시간에만 읽어도 3개월이면 다 읽으실 수 있다. 게다가 사람 일은 알 수 없는 법, 혹시 아는가. 기적적으로 7시간가량 짬이 날지. 이 책들과 함께 변화된 대통령의 모습을 기대해본다. (2016. 7. 27.)

/

효자
코스프레

2002년 말, 돌아가신 아버지의
첫 제사를 지냈다. 가족 모두 침통한 표정으로 너무 일찍 돌
아가신 아버지를 애도했다. 하지만 그 슬픔은 세월이 지남
에 따라 조금씩 얕아져서, 작년 제사 때는 눈물을 흘리는 사
람이 없었다. 아버님이 안 계시는 것을 가족 모두가 받아들
이고 거기에 적응한 결과이리라. 그런 점에서 박근혜 대통
령이 보이는 효심은 놀랍기 그지없다. 아버지인 박정희 전
대통령(박통)이 돌아가신 게 1979년이니 벌써 37년이 지났
건만, 어떻게 된 게 시간이 감에 따라 효심이 더 깊어만 가
는 느낌이다.

2012년 박정희기념관이 문을 열었다. 기념관에 반대하는 여론도 만만치 않았다. 박근혜 대통령이 여당 당대표이자 유력 대선 후보가 아니었다면 서울에 기념관이 들어서는 건 힘들었을지도 모른다. 그 후 대통령이 된 박근혜는 역사교과서를 뜯어고쳤다. 친일과 쿠데타 등 박통의 부정적인 측면이 그대로 기술된 교과서가 아이들의 혼을 이상하게 만든다는 논리였다. 요즘 대통령은 아프리카 등 못사는 나라들에 새마을운동을 퍼뜨리려 노력하고 있다. 새마을운동에 긍정적인 면이 없진 않겠지만, 황폐해진 지금 농촌의 모습을 보면 그 운동의 성공 여부는 쉽게 판단할 수 있으리라. 그럼에도 대통령은 '지구촌 새마을운동'이란 프로젝트를 만들어 매년 수백억 원의 돈을 쏟아붓고 있다. 심지어 한국콘텐츠진흥원은 새마을운동을 게임으로 개발해 그 정신을 세계에 알리겠다는데, 박근혜 대통령의 엄청난 효심이 아니었다면 이런 일은 가능하지 않았으리라.

왜 효도를 자기 돈으로 하지 국민 세금으로 하느냐는 비판이 있긴 하지만, 대통령이 알아서 효의 모범을 보이겠다는 게 꼭 나쁜 것만은 아니리라. 문제는 박근혜 대통령이 지금 하는 것들이 진짜 효도인지 하는 것이다. 나카자카 도니 中沢道二가 쓴 『도이옹도화道二翁道話』라는 책을 보면 효도에 대해 생각하게 해주는 이야기가 나온다.

오우미에 사는 한 효자(이하 오우미)는 평소 자신이 더 효도를 못하는 것을 안타깝게 생각하던 차에, 시나노라는 곳에 엄청난 효자(이하 시나노)가 산다는 소문을 듣는다. 오우미는 제대로 된 효도를 배우겠다는 마음으로 시나노의 집을 찾아간다. 잠시 후 산에 나무를 하러 간 시나노가 땔감을 잔뜩 진 채 집으로 왔다. 그런데 시나노의 행동은 뜻밖이었다. 오자마자 큰 소리로 나이 든 어머니를 불러 이렇게 외쳤다. "빨리 와서 땔감 부리는 걸 도와줘요!"

그것만이 아니었다. 피곤하다며 어머니더러 팔과 다리를 주무르게 했고, 어머니한테 밥상을 차리게 하더니 '반찬이 짜다', '밥이 너무 딱딱하다' 등등 밥투정을 해댔다. 보다 못한 오우미는 분연히 일어나 시나노를 나무랐다. "네가 효자라고 해서 배우러 왔더니, 너야말로 천하의 불효자식이다. 어찌 어머니를 그렇게 막 대하는가?" 그 말을 들은 시나노는 다음과 같이 말했다. "효도가 좋은 것이긴 하지만, 효도라고 생각하고 하는 것들은 참된 효도가 아니다."

무슨 말일까? 시나노의 어머니는 나무를 하고 온 아들이 피곤할 것 같아 돌봐주고 싶었을 텐데, 시나노는 그 마음을 헤아려 어머니더러 팔다리를 주무르게 한 거였다. 밥투정도 마찬가지였다. 어머니는 손님 대접을 하면서 혹시 미흡한 점이 있지 않을까 걱정했고, 그래서 아들이 어머니 뜻을 헤아려 먼저 불만을 터뜨린 것이었다. 시나노는 마지막으로 이렇게 말한다. "나는 그저 어머니께서 생각하신 대로 하게 하는 것뿐이네."

　박근혜 대통령도 아버지 박통이 과연 이런 효도를 원했을지, 한 번 생각해보았으면 한다. 친일전력, 좌익전력, 독재를 통해 많은 사람을 힘들게 한 것, 권력을 이용해 뭇 여자를 섭렵한 일 등은 박통도 그리 떳떳하게 생각지 않았을 테니, 세금을 들여서라도 교과서를 고치는 건 효도의 범주에 들어간다. 하지만 그 밖의 점들은 아버지가 절대 원하지 않았을 것들이다. 박통이 경제발전에 매진한 것은 그가 부정한 방법으로 집권했다는 사실을 희석시키기 위한 의도도 있었겠지만, 굶는 아이들을 그대로 방치하고 싶지 않았던 마음이 더 컸다고 생각한다. 그런 박통으로서는 재벌들을 배부르게 하느라 빈부격차가 나날이 커지게 만드는 딸을 보는 심정이 착잡할 것 같다. 대통령이 추진하는 소위 노동개혁법을 박통이라면 뜯어말리지 않았을까?

　또한 경제발전에 필요한 돈을 조달하느라 외채로 고민했던 박통은 우리나라가 2016년 기준 1,285조 원의 빚을 지고 있고, 그러면서도 그에 대한 대책을 전혀 마련하지 않는 나라가 되는 것을 결코 원하지 않았으리라. 마지막으로 박통은 자신의 딸이 사람들에게서 사랑받는 존재가 되기를 바랐을 것이다. 지금처럼 국민들에게서 욕먹는 일만 골라서 해대는 대통령을 박통이 보았다면 한숨을 쉬면서 다음과 같이 말했을 것 같다. "내가 딸을 잘못 키웠구나."

사정이 이럴진대 박근혜 대통령이 '효자 코스프레'를 계속하는 것은 아버지를 위한다기보다는 남에게 보이기 위한 쇼에 더 가까워 보인다. 부디 대통령이 『도이옹도화』를 읽고 진정한 효가 무엇인지 알았으면 한다. 아버지의 10분의 1만큼만이라도 국민을 생각한다면 금상첨화겠지만 말이다.

(2016. 6. 15.)

/

대통령의
초심

"어떤 어머니는 그게 아기에게 좋은 줄 알고 열심히 가습기를 틀어줬다고 한다. 얼마나 가슴이 아프겠는가?" 박근혜 대통령이 가습기 살균제 사건에 대한 철저한 조사를 지시했다. "억울한 피해자들이 구제를 받을 수 있도록 필요한 조치를 취하라"는 말씀도 하셨다. 대통령의 말을 듣고 있자니 마음이 아팠다. 대통령께서 요즘 많이 약해지신 것 같아서였다. 원래 대통령께서는 이런 분이 아니었다. 재정적자가 누적되어 국가부채가 국내총생산(GDP)의 40퍼센트에 육박해도 재벌과 부자들을 지키겠다며 세금을 올리지 않으셨다.

"이런 교과서로 배우면 혼이 이상해진다"며 국민 대다수가 반대하는 역사교과서 국정화를 단행했다. 세월호 참사로 인해 300명이 넘는 사람이 목숨을 잃어도 눈 한 번 깜빡하지 않았다. 심지어 진상규명을 요구하는 유족들에게 시선조차 주지 않았다. 이렇게 강한 분이 갑자기 가습기 살균제 사망사고에 관심을 보이는 것은 의외다. 게다가 그 사건이 당신의 임기 때도 아닌, 무려 5년 전에 발생한 일이라는 것도 의문을 증폭시킨다.

이상한 점은 이뿐만이 아니다. 5월 6일을 임시공휴일로 지정한 것도 대통령답지 않다. "바쁜 벌꿀은 슬퍼할 겨를이 없다"는 평소 지론처럼 박근혜 대통령은 국민들이 나태하게 쉬는 것보다 시간을 아껴 일하는 것을 훨씬 더 좋아하실 분이다. 박근혜 대통령의 지표라 할 박정희 전 대통령을 떠올려보자. 하도 장시간 노동을 시키는 바람에 전태일 열사가 "노동자는 기계가 아니다"라고 외치며 분신하지 않았는가?

그렇다면 5월 5일이 쉬는 날이니 6일은 두 배로 일하도록 퇴근시간도 자정쯤으로 미루는 게 이치에 맞을 텐데, 그날을 공휴일로 지정해 4일 연휴를 만들어버린 건 대통령이 변했다는 인상을 주기에 충분했다. 물론 2015년 8월 14일을 임시공휴일로 지정해 국민들에게 3일 연휴를 선물한 바 있지만, 그거야 더운 여름날이니 전혀 이해가 안 가는 게 아니었다. 하지만 지금은 5월 초인 데다 날씨가 시원해 마구 일이 하고 싶어지는 시기인데 임시공휴일이 웬 말인가?

2016년 5월 이란을 방문할 때 착용한 히잡도 논란이 되었다. 히잡이 여성 인권을 탄압하는 도구로 쓰인다는 것도 문제지만, 이란에 너무 굽히고 들어가는 것 아니냐는 생각이 든다. 해당 국가에 대한 존중의 의미라고 하지만 대통령이 사랑해 마지않는 미국도 아닌데 굳이 그럴 필요가 있을까 싶다. 아프리카에 간다고 해서 벗고 가실 건 아니지 않은가.

추측하건대 대통령이 변한 건 4·13 총선 때문이다. 새누리당이 200석 이상을 얻어 부녀가 개헌하는 값진 기록도 세울 법했지만, 결과는 과반수는 고사하고 제1당도 차지하지 못했다. 대통령이 선거에 초연했다면 모르겠지만, 그런 것도 아니었다. 일 잘하고 있는 장관들을 데려다 총선에 내보냈고, 빨간 옷을 입고 격전지를 둘러보는 등 누가 봐도 티가 나는 선거운동을 했다. 선거 전날까지 '야당을 심판해달라'는 메시지를 국민에게 전달하느라 애썼다. 그래도 불안해서 선거 직전 탈북자들까지 동원했지만 결과는 참패였다. 거기에 자신이 배신자라고 낙인찍은 유승민 의원이 당선되기까지 했으니, 기가 막힐 노릇이다.

국민들이 자신을 심판한 것이라는 사실을 누구보다 잘 알고 있을 테니, 대통령으로서는 기운이 없을 수밖에 없다. 선거 2주가 지난 뒤 "양당 체제인 국회가 하는 일이 없어 국민이 국회를 심판한 것"이라는 궁색한 변명을 낼 때의 심경은 실로 비참했으리라. 그 내용을 기사로 보면서 나는 대통령을 이렇게 만든 유권자들을 살짝 원망하기까지 했다.

어떻게 해야 대통령이 다시 원래대로 돌아갈 수 있을까? 원인이 국민들에게 있는 만큼 우리가 대통령에게 좀 잘해야 한다. 지지하던 분들은 계속 지지하고, 반대하던 분들도 '그만하면 되었다'는 마음을 갖자. 안 그래도 선거 패배로 마음 아파하는 대통령이 "지지율 31퍼센트로 급락" 같은 기사를 본다면 얼마나 속상하겠는가?

두 번째로, 대통령을 보좌해야 할 분들이 정신을 좀 차려야 한다. 역대 정부 중 현 정부만큼 아랫사람들이 개인적인 일탈을 저지른 정부는 없었다. 예컨대 2013년 청와대 행정관이던 조오영은 당시 검찰총장 아들의 인적사항을 열람해 줄 것을 지시했는데, 이건 대통령의 뜻과는 전혀 무관한 개인적인 일탈로 밝혀졌다. 2014년 터진 비선실세 의혹도 사심을 가진 몇몇 개인의 일탈이었다. 이번 어버이연합 관제 데모 사건 역시 허현준 청와대 행정관의 개인적인 일탈일

뿐, 청와대와는 무관하다는 게 청와대 대변인의 발언으로
드러났다.

　대통령을 누구보다 잘 보필해야 할 이들의 일탈은 그 자
체가 대통령에게 큰 타격이다. 어버이연합도 문제가 있다.
그분들은 자신들이 청와대의 지시를 받지 않는다는 걸 증명
하기 위해 "청와대 허 행정관이 이렇게 지시했지만 우리는
그 지시에 따르지 않았다"고 말했는데, 도대체 생각이 없어
도 너무 없으신 거 아닌가. 대통령을 위하는 마음은 알겠지
만, 충성이라는 건 몸만 가지고는 안 되는 법이다.

　『절망은 나를 단련시키고 희망은 나를 움직인다』. 박근혜
대통령이 쓰신 저서다. 이 책 제목처럼 대통령이 빨리 지금
의 위기를 극복하고 원래 모습으로 돌아오길 빈다. 그래야
우리가 정권교체의 희망을 품을 수 있으니 말이다. (2016. 5. 4.)

/

대통령은
왜
화가 났을까?

대통령의 딸로 태어났고, 경제적
으로 아무런 부족한 게 없이 살다가 자신이 대통령까지 된
분. 박근혜 대통령의 삶은 일반인의 기준으로 보면 부러움
그 자체다. 출생, 돈, 지위 중 어느 하나만 가져도 만족할 텐
데 그 세 가지를 다 가졌으니 얼마나 행복하겠는가? 게다가
아무리 삽질을 해도 지지율이 떨어지지 않고, 덕분에 우리
나라 대통령으로선 드물게 임기 내내 높은 지지율을 유지하
고 있으니, 이쯤되면 행복에 겨워해야 마땅하다.

하지만 박근혜 대통령은 언제나 화가 나 있는 듯하다. 텔
레비전이나 기사에 나오는 대통령의 표정은 언제나 굳어 있

다. 기자가 안티라서 일부러 그런 장면만 포착하는 건지 모르겠지만, 대통령의 모습은 늘 세상에 대해 불만을 가진 것처럼 보인다. 왜 그럴까? 이것에 대해 꽤 오랫동안 생각한 끝에 내린 결론은 주위에 있는 사람들에게서 인정을 받지 못해서였다. 겉으로는 대통령을 향해 웃지만, 실제로는 자신을 좋아하지 않고 오히려 무시한다는 생각이 대통령으로 하여금 짜증이 나게 만드는 이유가 아닐까?

이 가설을 뒷받침하는 증거를 『세월호, 그날의 기록』에서 찾을 수 있었다. 세월호에 대해 나온 책 중 가장 객관적이라고 할 만한 이 책은 그 당시 상황과 관련된 자료만 무미건조하게 나열하는데, 거기 보면 아랫사람들이 대통령을 어떻게 생각하는지가 잘 나와 있다. 한 명이라도 더 구조해야 할 그 바쁜 순간에 청와대-해경 핫라인은 평균 3분 간격으로 울려댔는데, 청와대가 일관되게 요구한 것은 바로 영상이었다.

9시 39분

청와대   현지 영상 있습니까?

해경   저희들 ENG 영상은 없구요, 자체 내부 모바일 영상은 있는데.

청와대   그 영상 좀 보내줄 수 있습니까? 지금 VIP 보고 때문에 그런데 영상으로 받으신 거 핸드폰으로 보여줄 수 있습니까?

10시 09분

청와대 현지 영상 받아볼 수 있습니까? 아니면 사진이라도.

해경 저희들 지금 확인하고 있는데, 지금 배가 50명을 (구하고) 이동 중이라서.

청와대 그 사진 한 장이라도 있으면 빨리 보내주세요.

10시 11분

청와대 위기관리실입니다. 영상 나온 거 없나요?

해경 아직 영상 나온 거 없습니다.

10시 15분

청와대 그 영상 가지고 있는 해경 도착했어요?

해경 아직 도착 못했습니다.

청와대 확인해봐요. 지금 끊지 말고.

해경은 할 수 없이 세월호 근처에 있던 다른 배, 둘라에이스호에 전화한다.

해경	사진을 핸드폰으로 전송해줄 수 있겠습니까?
둘라에이스호	아니 항해 중이라 바쁘니까요. 거 좀 통화하기가 거북스럽네요.
해경	현재 상황이 어떻습니까?
둘라에이스호	상황이 말이 아닙니다. 지금 세월호는 침몰 중입니다.

10시 32분

청와대	영상 중계 배는?
해경	네 지금 도착은 했는데요, 그게 외부로 송출되는 화면이 아니라서.
청와대	아이, 그럼 얘기를 똑바로 해야지.
해경	못하면은. 카톡 이런 거로 보낼 수는 있는데.
청와대	다른 배는? 그 배는 얼마나 얼마나 걸려?

나중에 국가안보실 1차장 김규현은 국회에서 영상이 필요했던 이유를 이렇게 설명했다. "저희들이 현지 상황을 보는 것은 다 대통령께 보고하기 위한 것입니다. 그렇기 때문에 영상을 6회에 걸쳐 요구를 했습니다." 여기서 우리는 대통령을 보좌하는 사람들이 대통령을 어떻게 생각하는지 짐작할 수 있다. "세월호가 45도 기울었습니다"라고 쓰면 못 알

아먹을까봐 사진이나 영상을 반드시 첨부해야 한다고 생각했고, 그래서 그 바쁜 와중에 청와대-해경 핫라인에 대고 6차례나 영상을 요구한 게 아니겠는가?

대통령이 실제로 문맹 비슷한 분이라면 최소한 억울하진 않겠지만,『절망은 나를 단련시키고 희망은 나를 움직인다』라는 명저를 집필한 것에서 보듯 박근혜 대통령은 전혀 그런 분이 아니다. 게다가 대통령은 언어의 마술사에 가까운 분이셔서, 언젠가 이런 말을 하기도 했다. "바쁜 벌꿀은 슬퍼할 겨를이 없다."

이 발언이 장안의 화제가 되었던 건 '꿀벌' 대신 '벌꿀'이라고 한 때문인데, 이런 고도의 언어유희는 평상시 문장에 단련되어 있지 않으면 가능하지 않다. 그 밖에도 대통령이 언어의 마술사라는 건 여러 발언에서 증명된 바 있다. 사정이 이런데도 아랫사람들은 대통령을 문맹 취급하고, 직접 쓴 책도 남이 써주었겠거니, 의심한다. 공자는 자기를 알아주지 않는다고 화내지 않으면 군자라고 이야기했지만, 이런 상황에서 화를 내지 않을 사람이 얼마나 되겠는가? 대통령이 화내는 걸 이해해주자. 아랫사람들에게 무시받는 대통령에게 남은 건 국민들의 사랑밖에 없을 테니까. (2016. 3. 24.)

/

제목만
읽는
대통령

2015년 4월 1일, 만우절을 기념
해서 '서민 교수, 고래회충 감염 입원, 충격!'이란 글을 블로
그에 올렸다. 사람들이 진짜라고 믿을까봐 본문에는 이게 거
짓임을 알 수 있는 장치를 몇 개 넣었다. "평소 친하게 지내
던 내연녀와 천안의 수산시장에서 우럭 2마리와 광어 3마리
를 나누어 먹은 뒤 귀가했"다든지, "현재 서씨는 D병원 일
반병동에 입원 중이며, 안정을 위해 면회객을 자유롭게 받
고 있다"는 대목을 읽으면 '아, 만우절 거짓말이구나'라는
것을 누구나 알 수 있을 거라고 생각했다.

결과는 뜻밖이었다. 많은 사람이 다음과 같은 내용의 전

화를 걸어왔으니 말이다. "많이 편찮으세요? 제가 지금 문
병 가려고 하니 조금만 기다리세요." "아프셔서 어떡해요 흑
흑." 나중에 안 사실이지만 사람들이 내 글에 무더기로 속아
넘어간 건 제목과 사진만 보았을 뿐 본문은 전혀 읽지 않았
기 때문이다. 이런 현상은 스마트폰 시대가 개막된 뒤 부쩍
심해졌는데, 언론사들이 독자를 낚기 위해 자극적인 제목을
쓰는 것도 그 때문이다.

싸이월드를 즐겨하실 정도로 인터넷에 강했던 박근혜 대
통령도 본문을 진지하게 읽기보다는 제목만 보는 스타일인
것 같다. 예를 들어 세월호가 침몰한 날, 오후 5시가 넘어 중
앙재난안전대책본부에 나타난 박근혜 대통령은 이런 말씀
을 하셨다. "구명조끼를 학생들은 입었다고 하던데 그렇게
발견하기가 힘듭니까?" 이 말씀이 뜬금없었던 건 그때는 학
생들 대부분이 배 안에 갇힌 채 빠져나오지 못한 상태였는
데, 대통령의 발언은 학생들이 구명조끼를 입고 바다에 떠
있는 상황을 전제한 것이어서다.

청와대에 따르면 박근혜 대통령은 행적이 베일에 가려
졌던 7시간 동안 무려 21차례에 걸쳐 보고를 받았다고 했
다. 그럼에도 대통령이 당시 상황을 잘못 이해하고 있었던
이유가 무얼까? 좌파들은 대통령이 보고를 아예 받지 않은

게 아닌지 의심하지만, 국가적 재난이 벌어졌는데 대통령이 그 사건을 나 몰라라 하고 다른 일을 보았다는 건 말이 안 된다. 또한 좌파들은 대통령이 보고를 받았는데 그 내용을 이해하지 못한 게 아니냐고 의심하기도 한다. 아니 명색이 OECD 국가의 대통령이 보고서 따위를 이해 못하는 게 말이 되는가? 이에 대한 합리적인 답변은 대통령이 스마트폰 시대에 걸맞게 보고서의 제목만 읽었고, 그래서 구체적인 상황을 알지 못했다는 것이리라.

요즘 박근혜 대통령이 국회에 통과시켜달라고 사정을 하는 법안이 있다. 소위 노동개혁법으로, 2015년 말에는 "만약 국회의 비협조로 노동개혁이 좌초된다면 역사의 심판에서 벗어날 수 없게 될 것"이라는 협박을 하기도 했다. 대통령이 저렇게까지 나서는 걸 보면 법안이 아주 훌륭하리라 짐작하겠지만, 내용을 훑어보니 별로 그렇지가 않다.

이 법안에서 도입하려는 조항 중 하나가 비정규직을 4년으로 늘리는 것이다. 지금은 비정규직을 2년 쓰면 해고하든지 정규직으로 고용하든지 택일해야 하는데, 이걸 4년으로 늘리겠단다. 이렇게 되면 청년들이 매우 안정적으로 일할 수 있다는 게 이 법안의 취지라는데, 여기엔 맹점이 있다. 비정규직의 처우가 열악한 현실을 감안하면 이 기간을 늘리는 게 청년들에게 좋은지도 의문스럽지만, 그렇게 되었을 때 기업들이 웬만해선 정규직을 뽑지 않으려 할 것 같다는 게 더 우려스럽다. 생각해보라. 4년간 싸게 부려 먹을 수 있는 데 뭐하러 정규직을 채용하겠는가?

휴일노동에 대한 가산수당을 삭감하는 것도 노동자로서는 손해고, 노동자 파견이 가능한 업종을 확대한 것은 이 법안이 과연 누구를 위한 것인지 알게 해준다. 노동자를 직접 고용하는 대신 용역업체에서 파견된 사람을 쓰면 마음에 안들 때 언제든지 해고할 수 있으니 말이다. 기업 경영자들의 모임인 한국경영자총협회를 비롯한 경제 5단체가 노동개혁 법안의 빠른 처리를 국회에 촉구한 것도 당연한 일이다. 그럼에도 대통령은 국회가 이 법을 통과시키지 않는 것은 "일자리를 갈망하는 청년들의 요구를 저버리"는 일이 된다고 말한다. 설마 대통령이 내용을 다 알고도 이런 말씀을 하시는 것일까?

그렇다면 대통령이 재벌의 앞잡이이자 청년층을 평생 저소득 비정규직의 굴레로 몰아넣으려는 음모를 가진 분이란 말인데, 내가 지금까지 봐온 대통령은 절대 그런 분이 아니셨다. 유신이 종식된 1979년부터 정치판에 입문한 1998년까지 거의 20년가량을 별다른 직업 없이 사셨던 만큼, 안정

된 일자리에 대한 청년층의 열망을 누구보다 잘 이해하시는 분이 바로 박근혜 대통령이 아닌가? 그럼에도 대통령이 이러시는 건 법안을 읽고도 이해를 못하는 게 아니라면, '노동개혁법'이라는 제목만 보았을 뿐 그 내용을 제대로 훑어보지 않았던 탓이리라.

아무 권한이 없는 젊은이들이 제목만 보고 오해하는 건 영향을 미치지 못한다. 하지만 말 한마디에 여당 원내대표와 검찰총장을 날릴 수 있는 대통령이라면 이야기가 다르다. 너무 바빠서 수없이 올라오는 보고서나 법안을 제대로 살피기 힘든 점은 이해하지만, 그래도 가끔은 시간을 내주시면 좋겠다. 국민의 삶에 지대한 영향을 미치는 법안이라면 더더욱. (2016. 1. 6.)

/

대통령이
효자라면

　　　　　　"김극일金克一은 조선시대 김해 사
람으로 부모님을 극진히 모셨다. 어머니가 종기로 고생할
때 극일은 입으로 상처를 빨아 낫게 했으며, 아버지가 병이
들었을 때는 대변까지 맛보며 간호를 했다."

　효자. 듣기만 해도 가슴이 뭉클해지는 단어다. 인터넷이
없던 조선시대에도 효자에 관한 미담은 도의 경계를 넘어
전국에 회자되었고, 나라에서는 이들을 불러 표창하기도 했
다. 이렇듯 효자는 해당 지역의 자랑이기도 했지만, 요즘 들
어서는 효자의 인기가 그전만 못한 느낌이다. 여성들 사이
에서 효자가 그다지 환영받지 못하기 때문이다. 데이트 도

중 별일 아닌 어머니의 전화를 받고 집에 가버리는 남자를 좋아할 여자는 그리 많지 않다. 여성들은 이런 남자들을 '마마보이'라 부르며 경계했다.

더 큰 문제는 결혼 뒤에 발생한다. 효자남편과 결혼하면 시부모를 모셔야 하거나 그에 준할 만큼 시댁에 잘해야 하니, 아내로선 부담스러울 수밖에. 과거와 달리 요즘엔 효자가 직접 몸으로 뛰기보단 아내를 시켜서 효도를 하는 경우가 크게 늘어난 것도 부담을 가중시킨다. 인터넷에서 '효자남편'을 검색하면 숱한 미담이 나오는데, 대부분의 결론이 "효자남편은 싫다"고 나오는 것도 그 때문이다.

앞에서 언급한 김극일이 직접 아버지 대변을 맛보는 대신 아내에게 시켰다면 그 아내가 얼마나 힘들었겠는가? 하지만 지금 효자들은 하나같이 바빠 온갖 수발을 아내에게 시킨다. 그러다 보니 다음과 같은 일도 생긴다. 치매에 걸린 어머니를 요양원에 보내는 대신 집에서 모시는데, 대소변을 받아내고 옷을 갈아입히는 일은 모두 아내의 몫이다. 효자남편은 밤늦게 집에 와서 "이렇게밖에 못 모셔?"라며 아내를 타박하는 것으로 효성을 과시한다. 부모님이 돌아가셔도 일이 없는 것은 아니다. 부모님을 낳아주신 할아버지와 할머니한테까지 정성스러운 제사상을 차리게 하니, 명절까지 합치면 아내 허리가 휠 지경이다. 아내들이 효자에게 거부감을 갖는 것도 이해가 간다.

그런데 높은 사람, 예를 들어 대통령이 효자라면 어떨까? 아랫사람은 당연히 피곤하고, 경우에 따라서는 국민들까지 피곤할 수 있다. 하필이면 지금 대통령께선 역대 우리나라 대통령 중 가장 효성이 지극한 분이다. 대통령의 아버지는 이미 돌아가셨지만, 대통령의 효성은 갈수록 더 커지는 느낌이다. 게다가 대통령은 다른 면에서는 그렇지 않은데 아버지에 관해서는 기억력이 출중해서, 아버지 욕을 했던 사람은 잊지 않고 뒤끝을 작렬시킨다.

문제는 대통령의 아버지가 보통 사람이 아닌, 우리나라에서 오랜 기간 대통령을 하신 박정희라는 점이다. 다들 알다시피 박정희는 경제발전에 혁혁한 공을 세웠지만, 다음과 같은 전력도 갖고 있다. 일제시대 때 일본 육사에 들어가기 위해 혈서를 썼고, 졸업 후 관동군 중위로 활동했다. 해방 후엔 북한을 추종하는 남조선노동당에 가입해 군인 신분을 박탈당한 적이 있고, 쿠데타로 헌법과 민주주의를 유린했으며, 영구집권이 가능한 유신헌법을 만들었고, 긴급조치를 선포함으로써 대통령에 대해 욕만 해도 영장 없이 체포하도록 했다. 따라서 박정희에 대한 평가는 공과를 따져서 객관적으로 해야지, 무조건 숭배만을 강요해선 안 된다.

하지만 효성이 지극한 대통령께서는 나이 든 사람들은 어쩔 수 없다 해도 자라나는 세대만큼은 아버지를 숭배하게 만들고 싶었던 것 같다. 산적한 이슈도 많을 텐데 갑자기 역사 교과서를 국정화하자고 들고나온 것도 자신의 임기가 끝나기 전에 해야 하는데다, 또 아버지 탄생 100주년인 2017년에 맞추려면 지금부터 서둘러도 늦다는 인식 때문이었으리라. 벌써부터 박정희가 비밀 광복군이었다는 이야기를 흘리는 걸 보면 앞으로 만들 교과서가 어떤 내용을 담고 있을지 짐작할 수 있다.

새 교과서로 역사를 배운 이들이 사회로 나갈 때쯤엔 곳곳에 박정희 동상이 만들어지고, 박정희를 신처럼 추종하는 종교가 생기지 않을까? 나는 국정화를 반대하는 게 아니다. 기존 검정제에 문제가 있다면 국정화를 하는 것도 한 방법이니까. 하지만 국정화 방침을 먼저 정한 뒤 거기에 맞는 논리를 억지로 만들려다 보니 모두가 피곤해진다.

그 결과 역사학자들이 국정화 반대 서명을 하고, 국정화에 관심이 없던 국민들마저 찬반으로 갈라져 싸우고 있다. 대통령 뜻이라면 무조건 받드는 새누리당이 "현 교과서는 주체사상을 가르친다"며 예의 색깔론을 펴는 것을 보면 안쓰

럽기까지 하다. 이 사태를 초래한 건 다 대통령의 효심, 앞으로 대통령을 뽑을 때는 효심이 어느 정도인지를 먼저 따져본 뒤 선택을 하자. 효자 대통령 때문에 힘들어 죽겠다. (2015. 10. 28.)

한국여성단체연합 신년 기자회견

'여성대통령'에게

일시: 2014년 1월 9일(목) 오후 2시   주

경기여성단체연합, 경남여성단체연합, 광주전남여성단체연합, 대
여민회, 대구여성회, 대전여민회, 부산성폭력상담소, 부산여성사회교육원, 새세상을여는천주교여성공동처
성회, 포항여성회, 한국성폭력상담소, 한국여성노동자회, 한국여성민우회, 한국여성연구소, 한국여성의

여성들이 보낸다

옐로우 카드를!!!

국여성단체연합   장소: 광화문 사거리

단체연합, 대전여성단체연합, 부산여성단체연합, 전북여성단체연합
개매문제해결을위한전국연대, 수원여성회, 여성사회교육원, 여성정치세력민주연대, 울산여성회, 제주여민회
여성장애인연합, 한국여신학자협의회, 한국이주여성인권센터, 함께하는주부모임, 참교육을위한전국학

/

우리가
몰랐던
대통령의 장점

　　　　　　　추석은 우리 민족의 최대 명절이
다. 새해를 시작하는 설도 큰 명절이긴 하지만, 풍성한 수확
과 함께하는 추석이야말로 몸과 마음이 좀더 풍요로운 때
다. 그래서일까? 좀 긍정적인 생각을 하며 살아보고자 연휴
동안 대통령의 장점을 찾아 헤맸다. 주변 좌파들은 "설마 장
점이 있겠어?"라며 냉소했지만, 막상 찾아보니 한두 가지가
아니었다.

　첫째, 시간을 잘 활용하게 해준다. 나이가 들면 시간이 참
빨리 간다는 걸 느낀다. 10대는 시간이 시속 10킬로미터로
가고, 50대는 시속 50킬로미터로 간다는 말이 있듯이, 새해

가 밝은 지 얼마 안 된 것 같은데 정신을 차려보면 어느새 연말이었다. 서유석이 "가는 세월 그 누구가 잡을 수가 있나요"라며 탄식했듯이 시간이 간다는 건 안타까운 측면이 더 많은데, 박근혜 대통령이 집권한 뒤 놀랍게도 세월이 가는 속도가 늦춰졌다. 이제 2년 남았나 싶으면 3년도 더 남았고, 그로부터 한참을 더 지난 것 같은데 아직도 2년 반이나 남았다. 좀 과장해서 말한다면 군대 있을 때보다 시간이 느리게 가는 것 같은데, 이 느낌을 잘 이용한다면 의외로 많은 일을 할 수 있을 것 같다. 6개월은 걸릴 일을 3개월에도 할 수 있지 않겠는가?

둘째, 늘 긴장할 수 있게 해준다. 먼바다에서 잡히는 청어는 운송 도중 거의 죽어버려 수산시장에서는 냉동청어밖에 접할 수 없었는데, 언제부터인가 청어를 살린 채 운반하는 게 가능해졌다. 비결은 수조에 청어의 천적인 메기를 함께 넣는 것으로, 청어가 메기한테 잡아먹히지 않으려고 긴장하다 보니 배가 부두에 도착할 때까지 살아 있을 수 있었다. 역사학자 아널드 토인비의 '메기효과' 이론이다. 사람도 살아가는 데 적당한 긴장이 필요해서, 너무 나태해지면 일도 안 되고 건강도 해칠 수 있다. 세월호에 이어 메르스까지, 현 정부 들어 해마다 큰 사건이 터지고 있다. 할 수 없이 사람들은

'내 안전은 스스로 지킨다'며 긴장을 늦추지 않고 있는데, 이는 우리의 생존력을 더 높여주는 긍정적인 역할을 한다.

셋째, 투자 대비 효과가 뛰어나다. 2015년 8월 14일, 박근혜 대통령은 이날을 임시공휴일로 지정하면서 고속도로 통행료 면제라는, 어느 정부도 하지 못한 선물을 국민들에게 안긴다. 뜻밖의 조치에 놀란 국민들이 우르르 차를 갖고 고속도로로 나간 덕분에 메르스로 인해 침체되었던 경제는 극적으로 회생한다. 이게 다가 아니었다. 대통령은 추석을 맞아 장교를 제외한 56만 명의 사병 전원에게 1박2일의 특별휴가증을 주고, 멸치와 김가루, 약과 등으로 구성된 특별간식을 하사했다. 덕분에 지뢰사건 등으로 침체되었던 군의 사기가 하늘을 찌를 듯 높아졌는데, 간식을 사는 데 든 돈이 청와대 예산이 아니라 '군 소음피해 보상금'을 가져다가 쓴 것이라니, 이쯤 되면 박근혜 대통령의 '한턱 정치'가 신의 경지에 이른 게 아닌가 싶다. 미국이 국산 전투기 개발에 필요한 기술 이전을 하지 않으려는 것도 군을 자유자재로 다루는 박근혜 대통령의 능력을 무서워하기 때문이 아니겠는가?

넷째, 지역 인재를 육성시킨다. 박근혜 대통령은 대선 후보 시절 "대탕평 인사"를 약속했다. '골고루 인재를 등용해 100퍼센트 대한민국을 만들겠다'는 취지였는데, 며칠 전

『경향신문』이 파워 엘리트 218명을 분석한 결과 영남 출신
이 38.1퍼센트로 가장 많았다. 일전에 대통령은 영남 편중
에 대한 질문을 받고 "인재 위주로 하다 보니까 어떤 때는
이쪽이 많기도 하고 저쪽이 많기도 하다"고 답했다. 하기야,
우리나라 역대 대통령 중 영남 출신이 무려 7명에 달하니,
영남 사람들에겐 뭔가 특별한 것이 있긴 하다. 고무적인 건
다른 지역 분들이 "우리 마을에서도 대통령이 나와야 해!"
라며 자기 지역의 인재를 키우려 한다는 것이다. 이렇게 경
쟁적으로 인재를 키우다 보면 결국엔 '대탕평 인사'가 이루
어질 수밖에 없으니, 단기적인 영남 편중을 시비할 일은 아
니다.

다섯째, 국정원을 세계적 정보기관으로 키우고 있다. 『파
리의 생활 좌파들』이란 책에는 한 프랑스 고위공무원의 인
터뷰가 나온다. "이명박이 권력을 잡으면서 국정원 활동이
활발해졌고 우리를 압박해오기 시작했다.……박근혜 정권
이 들어선 뒤로는 더 심해졌다. 일단 파리에 주재하는 국정
원 직원의 숫자가 더 늘어났다."

우리는 국정원이 모사드Mossad나 CIA에 비해 능력이 떨어
진다고 생각한다. 후자의 기관들은 세계와 싸우는데 국정원
은 댓글을 단다든지 간첩을 조작하는 등 찌질한 일만 했던

게 그 이유다. 하지만 박근혜 대통령 집권 이후 국정원도 전 세계를 상대로 싸움을 시작한 듯하다. 이런 추세가 이어지면 우리도 모사드 같은 훌륭한 정보기관을 가질 수 있을 텐데, 대통령이 단임單任인 게 아쉬워진다.

박근혜 대통령의 지지율이 50퍼센트대라는 것에 놀라는 좌파가 많다. 하지만 대통령의 장점을 생각하면 이 지지율은 오히려 낮은 것이다. 대통령의 장점이 국민들에게 널리 알려져서 청와대 하늘에 늘 슈퍼문이 빛나기를 빌어본다.

(2015. 9. 30.)

/

대통령의
치명적인
단점

메르스 사태에 대한 현 정부의 대
응은, 언제나 그랬듯이 미덥지 않았다. 정부의 대응이 완벽
해서 첫 번째 감염자 이외에 메르스 환자가 더 나오지 않았
다면 다들 메르스가 무엇인지조차 알지 못한 채 살았겠지
만, 국민들의 평온한 일상을 용납하지 않는 정부 덕분에 초
등학생들조차 메르스를 입에 달고 사는 풍경이 연출되었다.

문형표 보건복지부 장관이 국회에 나와 "초동 대응이 잘
못되었다"며 사과한 걸 보면 국민들의 알 권리 차원에서 일
부러 메르스 사태를 확산시킨 건 아닌 모양이다. 현재 문형
표 장관이 국민들에게서 엄청난 질타를 받고 있는데, 이게

꼭 그만의 잘못인지는 모르겠다. 연세대학교 경제학과를 졸업한 뒤 석·박사도 모두 경제학으로 받은, 그 후 보건과는 전혀 동떨어진 분야에서만 일해온 문형표 장관이 메르스에 대해 대응을 잘하는 게 과연 가능했을까? 차관 또한 법학과를 나와 사회복지학으로 박사를 받은 분이라 이번 사태에 큰 도움은 안 되었으리라.

복지부의 수장이 전문성을 갖추지 못했다면 총리가 그 역할을 수행하면 된다. 2003년 사스SARS가 전 세계를 강타할 때, 우리나라가 사망자 한 명 없이 그 위기를 극복해낸 데는 간호사 출신의 복지부 장관도 나름의 역할을 했지만, 수시로 상황을 보고받고 회의를 주재한 고건 총리의 공도 컸다. 하지만 지금 이 나라에는 총리가 없다. 이완구 전 총리가 사퇴한 뒤 최경환 기획재정부 장관이 총리를 대행하고 있다. 고등학교 때 임시반장을 해봐서 아는데, '임시'가 붙으면 "어떻게든 이 시기만 넘기자"는 소극적인 마음을 갖게 된다. 아마도 최경환 장관은 난데없는 메르스 사태에 망연자실한 채 아무것도 안 하고 있을 것 같다. 사정이 그렇다면 대통령이라도 나서야 했지만, 아쉽게도 그런 일은 일어나지 않았다.

박근혜 대통령에게는 수많은 장점이 있다. 첫째, 자기관리가 뛰어나다. 대통령이 되기 전이나 지금이나 똑같이 '올림

머리 스타일'을 고수하고 있는데, 놀랍게도 10여 개의 실핀을 이용해 자신이 직접 스타일링을 한단다. 둘째, 자신이 사과해야 할 일을 아랫사람에게 미루는 미덕을 갖고 있다. 셋째, 보기 드문 효녀로 돌아가신 아버지에 대해 누가 뭐라고 하기만 하면 불같이 화를 내신다. 넷째, 사람을 뽑을 때 능력보다는 자신에 대한 충성심을 높이 사서, 공직 기강을 잡는데 누구도 따라갈 사람이 없다. 다섯째, 가끔씩 유체를 이탈하는 능력을 보여준다. 대통령만 아니면 '놀라운 대회 스타킹'에 두세 번은 나가셨을 것 같다. 여섯째, 노트 필기의 달인이다. 이건 수능을 볼 초·중·고생들이 본받아야 할 점이다. 일곱째, 뚜렷한 국가관을 가지고 있어 북한에서 우리나라를 막는 데 적격이다. 실제로 새누리당에서 일하는 이광우라는 분은 박근혜 대통령이 당 대표 시절 국가보안법 폐지를 막음으로써 "이 땅의 공산화를 막았다"고 한 바 있는데, 어쨌거나 대통령 임기 동안에는 공산화 걱정은 안 해도 될 것 같다.

이런 여러 가지 장점에도 대통령에게는 치명적인 단점이 한 가지 있는데, 그건 바로 위기관리 능력이 약하다는 것이다. 2014년 4월 발생한 세월호 사고 때, 대통령은 배가 침몰했다는 소식을 듣자마자 7시간 동안 잠적했다가 오후 5시쯤 갑자기 나타나 이런 말씀을 하셨다. "구명조끼를 학생들은 입었다고 하던데 그렇게 발견하기가 힘듭니까?"

그 시각엔 배가 거의 가라앉은 뒤였기에 이 발언은 매우 뜬금없게 들렸는데, 메르스 사태에서 대통령의 행적도 그때와 비슷했다. 메르스 감염자가 나온 뒤 "메르스와 관련해 유언비어를 퍼뜨리면 처벌하겠다"는 지시 이외에는 아무것도 안 하던 박근혜 대통령은 정확히 14일 만인 6월 3일 민관합동 긴급점검회의를 연다. 그 자리에서 대통령은 "태스크포스팀을 만들겠다", "더이상 확산이 안 되도록 만전을 기하겠다"고 말했는데, 그때는 이미 사망자 2명과 3차 감염자까지 발생한 뒤였고, 많은 국민이 마스크를 쓰거나 외출을 삼가고 있는 중이었다. 세월호 사고 때 배 안에 있던 사람들이 고스란히 희생된 것처럼, 2015년 대한민국은 메르스 환자 수에서 사우디아라비아에 이어 2위를 차지하는 메르스 강국이 되었다. 이 추세가 이어진다면 세간의 농담처럼 메르스MERS 대신 코르스KORS로 이름을 바꿔야 할지도 모르겠는데, 혹시 정부가 이런 식의 국위 선양을 원했던 건 아닌지 의심이 든다.

3년 전 대선에서 우리 국민들은 위기관리보다 자기관리를 중시하는 대통령을 뽑았다. 자기관리가 뛰어난 대통령을

보는 건 분명 즐거운 일이지만, 이것 한 가지는 명심하자. 현

정부는 우리 국민들의 생명과 안전을 지켜주지 못한다는 것
이다. 2014년엔 세월호 사고가 났고, 2015년엔 메르스가
왔다. 남은 임기 동안 몇 번의 위기가 더 올지 모르지만, 다
행히 정권의 수명은 유한하다. 자신의 안전은 스스로 지킨
다는 각오로 2년 반을 버티자. 살아남는 것보다 중요한 가치
는 없으니 말이다. (2015. 6. 10.)

/

대통령과
독서

책의 시대가 저물고 있다. 놀 만
한 게 별로 없었던 옛날에는 할 일이 없어서라도 책을 읽
었는데, 지금은 재미있는 드라마도 봐야 하고, 인터넷도 해
야 하니 책이 들어설 자리는 점점 없어진다. 그나마 대중교
통을 타고 이동할 때가 책을 읽는 좋은 시간이었지만, 그 시
간마저 스마트폰에 잠식당한 느낌이다. 놀 만한 것들이 널
려 있는 마당에 책을 꼭 읽어야 하느냐고 묻는다면 "그럴 필
요 없다"고 답하련다. 책을 읽어야 한다고 목소리를 높이는
사람들은 대개가 책을 썼거나 향후 책을 낼 계획이 있는 사
람들로, 어찌 보면 자기 생계에 대한 걱정을 하는 것일 수도

있다.

하지만 책을 꼭 읽어야 하는 사람들이 있다면, 그건 바로 정치인이다. 정치라는 건 이권의 배분이고, 그런 엄청난 일을 위해선 소위 철학이란 게 필요하다. 물론 철학이란 게 꼭 책을 통해서만 얻을 수 있는 건 아니다. 가방끈이 그리 길지 않으신 시골 할머니들의 말씀을 듣다 보면 "이분이 혹시 세상을 통달한 게 아닌가?" 하는 생각을 할 때가 있다. 그럴 수밖에 없는 것이, 그분들은 삶을 온몸으로 살아내신 분들이고, 책이 기껏해야 간접경험을 선사하는 반면 직접 몸으로 겪은 경험들은 더 큰 가르침을 줄 수 있기 때문이다. 사랑에 대한 책을 백날 읽은들 한 번 사랑에 빠져보는 게, 사랑에 대해 훨씬 더 많은 것을 알려주는 것처럼.

그럼에도 정치인들이 책을 읽어야 하는 이유는 정치라는 건 대개 그 사회의 엘리트들이 하며, 그분들의 삶은 우리가 겪어내는 그런 삶과는 다르기 때문이다. 그런데다 책마저 읽지 않는다면 보통 사람들이 어떤 생각을 하고 어떤 삶을 사는지 알 기회가 없지 않겠는가? 그런 사람들이 높은 자리에 오른다고 서민들의 삶이 나아지지 않는 것도 당연한 일이다. 게다가 책을 읽으면 글은 물론이고 정치인의 필수 품목인 말도 더 잘하게 된다. 하루 5시간 독서법을 10년간 했다는 윈스턴 처칠을 비롯해서 멋진 말을 남긴 정치가들은 다 소문난 독서가였다.

박근혜를 보면서 참 의아했다. 어쩜 저리도 생각이 짧으실까 싶어서였다. 예컨대 자기 측근에 대해 비리 의혹이 제기되면 그분은 이렇게 말씀하신다. "내가 물어봤더니 아니라더라. 그럼 아닌 거다." 이 문제는 어떻게 풀어야 하느냐고 물으면 "잘해야 한다"거나 "잘 되도록 해야 한다" 식의 허무개그로 듣는 이를 허탈하게 한다. 몇 가지 예를 들어보자.

첫째, 정준길의 안철수 불출마 협박에 대해 박근혜는 "서로 오랜 친구로 개인적인 대화를 나눴다고 하는데, 그런 걸 이렇게까지 확대해석하는 건 이해가 안 되는 일"이라 했다. 박근혜한텐 정준길이 금태섭과 친구라는 것, 그리고 친구끼린 싸워서 안 된다는 것만 중요할 뿐 정준길이 자신의 공보위원이란 건 아예 생각을 안 하고 있다.

둘째, 인혁당 사건에 대해 묻자, "대법원 판결이 두 개로 나오지 않았느냐. 앞으로의 판단에 맡겨야 한다"고 했다. 첫 번째 판결이 잘못되어 다시 재판을 한 거니 후자의 판단을 존중하는 게 보통 사람의 상식이지만, 박근혜는 그 둘이 같은 무게를 지닌다고 본다.

셋째, 올케의 저축은행 관련 의혹에 대해서 물었을 때 "검찰이 문제 될 게 없다고 했다"고 말했다. 대선 후보라면 "앞으로 이런 의혹이 발생하지 않도록 주의하겠다"고 했어야 한다.

넷째, 박근혜의 지지율이 떨어지자 새누리당에서 쇄신 요구가 나왔는데, 이에 대한 박근혜의 대답은 "당에서 항상 다양한 의견이 있지 않느냐. 지금은 내일모레가 선거이기 때문에 힘을 모아서 선거를 잘……"이라고 말했다. 새누리당에서 간만에 나온 쇄신안이고, 그게 자신의 대선가도에 힘을 실어주는 것이건만, 박근혜는 그게 자기를 비난한다고 생각한 듯하다. 제대로 된 후보라면 "그분들의 요구에 깊이 공감한다. 나부터 반성하겠다"고 했을 것이다.

몇 개만 봐도 중학생이 답변한 게 아닌가 하는 느낌을 주지 않는가? 왜 이럴지 그 근원을 찾아가다 보면 우리는 지난 총선 때 잘린 전여옥의 발언에 맞닿게 된다. 전여옥은 박근혜 새누리당 비대위원장을 평가하며 "좋은 지도자는 지적 인식 능력을 가지고 있어야 하는데, 그런 점에서 (박 위원장은) 저를 만족시키지 못했다"고 말했다. 전여옥은 15일 저녁 CBS 라디오 〈정관용의 시사자키〉에 출연해 "박 위원장은 책을 많이 읽는 편이 아니다"며 "자택의 서재에 가보니 책이 일단 별로 없고 증정 받은 책들로 통일성도 없었다. 그래서 여기가 서재인가라는 생각이 들었다"고 밝혔다.

그랬다. 박근혜가 저런 대답밖에 할 수 없었던 이유는 책을 읽지 않아서였다. 가방끈이 짧은 시골 할머니처럼 삶을 온몸으로 살아냈다면 책의 도움 없이도 나름의 경지에 올랐겠지만, 박근혜는 그렇게 하는 대신 집안에 들어앉아 남과 격리된 채 학처럼 고고한 삶을 살았다. 그래서 박근혜에겐 무슨 철학이란 게 들어설 여지가 없었고, 답변을 거부하거나 아주 짧게 할 수밖에 없었던 거다. 독서가로 소문난 김제동이 심금을 울리는 말들로 구성된 어록을 갖고 있는 반면 소위 박근혜 어록이 허무개그로 점철된 이유도 거기에 있다. 물론 머리야 빌리면 되고, 말보다 행동이 중요하다고 할 수도 있지만 생각이 있어야 행동이 있는 법이고, 어떤 머리를 빌릴지 결정하기 위해선 나름의 철학이 있어야 한다. 아무리 좋은 참모들이 있어도 박근혜가 그다지 잘할 것 같지 않은 건 이런 이유다.

물론 박근혜가 생각이 좀 짧아서 그렇지, 나름의 장점이 많다. 예를 들어 한결같은 헤어스타일과 움직이지 않고 오래 앉아 있는 능력 등은 타의 추종을 불허한다. 문재인·안철수와 더불어 '누가 더 오래 가부좌로 버티나' 시합을 한다면 나는 전 재산을 박근혜에게 걸 것이다. 아쉽게도 이런 것들이 스님들의 덕목일 뿐 대통령이 가져야 할 게 아니라는 건데, 그럼에도 박근혜가 오랜 기간 높은 지지율을 보이는 이유는 앞에서 말했던 것처럼 우리 사회가 점점 책을 읽지 않기 때문이 아닐까? 책을 읽지 않으면 좋은 정치인이 될 수 없고, 책을 읽지 않으면 좋은 정치인을 식별할 수 없으니까.

(2012. 10. 16.)

제 2 장

대통령의 자격

정치란 국민의 뺨에 흐르는 눈물을 닦아주는 것이다.

— 자와할랄 네루(Jawaharlal Nehru, 1889~1964)

범죄자의
품격

이왕이면 착하게 사는 것이 좋겠지만, 삶이라는 게 꼭 자기 마음대로 되는 건 아니다. 실수로 사람을 다치게 할 수도, 충동적으로 범죄를 저지를 수도 있다. 의도야 어쨌든 범죄를 저지른 사람을 우리는 범죄자라 부른다. 범죄자를 유형에 따라 분류하면 크게 네 가지로 나눌 수 있다.

첫째, 자수한 범죄자. 인간의 본능상 범행 후 붙잡히지 않으려고 도망치긴 했지만, 제정신이 들면 대개 자수하고 싶어진다. 하기야, 남은 생애를 언제 붙잡힐까봐 고민하면서 사는 것보다, 죗값을 치르는 게 훨씬 떳떳하지 않은가? 자수는 경찰에게 좋은 일이고, 자수했다고 법원이 형량을 줄여주니 범인에게도 좋다. 2016년 8월, 나와 성이 같은 29세 서 모씨는 금은방에 들어가 금팔찌를 보여달라고 했다. 서씨는 주인이 팔목에 금팔찌를 채워주자마자 도망쳤는데, 그 금팔찌가 30돈 상당이었으니 600만 원 정도 되겠다. 하지만 CCTV가 사방에 깔려 있는 시대에 서씨가 언제까지 도망다닐 수는 없었다. 경찰의 수사망이 좁혀오자 서씨는 범행한 달 만에 경찰에 자수하고 범행 일체를 자백한다. 그러지 않았다면 그는 길거리에서 검거되었을 확률이 높고, 수갑을 차고 팔목이 꺾인 채 경찰서로 끌려왔을 테니, 자수하는 게 훨씬 좋았다.

둘째, 붙잡히자마자 자백한 범죄자. 경찰서에 끌려간 뒤 한사코 범행을 부인하는 자들이 있다. 자백만 안 하면 풀려날지도 모른다는 실낱같은 희망을 품기 때문이지만, 이러면 서로 피곤하기만 할 뿐 결과는 크게 달라지지 않는다. 범죄자는 범행을 실토할 때까지 취조를 받아야 하고, 경찰은 증거를 찾아나서야 하는데, 이렇게 힘을 빼느니 미리 자수해서 예쁨을 받는 편이 더 낫지 않을까? 많은 범죄자가 그래서 이 길을 택한다. 선후배 2명과 공모해 BMW 차량을 개울에 고의로 추락시켜 5,400여만 원의 보험금을 받은 일당이 있었다. 범행에 성공하자 또 다른 BMW 중고차를 구입해 고의사고를 내 2,300여만 원을 탔는데, 재미가 들린 이들은 2015년 3월 고장난 BMW를 구입해 개울에 빠뜨렸다가 덜미를 잡혔다. 이들은 경찰서에 끌려갔는데, 사건의 성격상 자백 이외에는 별다른 증거가 없었지만, 결국 범행 일체를 자백한다. 3명이 모두 범행을 부인하는 건 쉽지 않았을 테니, 자백하는 게 훨씬 좋은 선택이었다.

셋째, 경찰이 증거를 제시한 뒤에야 자백한 범죄자. 모든 증거가 다 자신을 가리키는데도 자백하지 않는다면, 그건 그가 인간말종이라는 것만 입증해줄 뿐 상황이 나아질 게 없다. 그러니 순순히 죄를 인정하고 형을 받는 게 무난한 길이다. 2017년 1월, 부인을 살해하고 시신을 불태워 차와 함께 유기한 남편이 있었다. 경찰은 진작 남편을 용의자로 판단해 조사했지만, 그는 부인이 죽은 것도 몰랐다며 혐의를 전면 부인했다. 그 뒤 남편은 도주했다가 다시 잡히는데, 그래도 그는 "절대로 아내를 죽이지 않았다"고 우겼다. 경찰은 남편이 도주한 코스를 답사하다가 아내를 태울 때 쓴 기름통을 발견했고, 여러 사람의 증언도 확보했다. 명백한 증거 앞에 버티는 건 쉬운 일이 아닌바, 남편은 결국 자신이 아내를 살해했음을 자백한다.

넷째, 경찰이 증거를 제시해도 자백하지 않는 범죄자. 이들은 어떤 경우에도 죄를 인정하지 않는 유형으로, 자신의 범죄로 인해 피해를 본 사람들에게 미안한 감정을 느끼지 못하는 사이코패스일 확률이 높다. 그 비율은 그리 높지 않지만, 워낙 사이코패스다 보니 등장할 때마다 사회 전체를 뒤흔든다. 2017년 현재, 대한민국은 간만에 나타난 사이코패스형 범죄자로 인해 시끄럽다. 그는 자신의 범죄 의혹이 불거질 때마다 한사코 부인했고, 그 이후 태블릿PC를 비롯해 수많은 증거와 관련자들의 진술이 나왔음에도 여전히 자신은 죄가 없다면서 억울함을 호소하고 있다. 금 30돈 상당의 팔찌를 훔친 수준이 아니라 대기업과 공모해 1,000억 원 가까운 돈을 뜯어낼 정도로 규모가 크고, 지위가 지위니만큼 비리가 굉장히 광범위한 분야에 걸쳐 있는데도 말이다. 결국 자신의 직무가 정지되는 처벌을 받았지만, 그로 인해 부끄러워하기는커녕 "엮였다"느니 "누군가가 오래전부터 기획한 것이라는 느낌을 지울 수가 없다"느니 하는 말을 스스럼없이 뱉는다.

대통령도 인간인지라 본의 아니게 범죄에 연루될 수 있다. 그럴 때 죄를 인정하고 대통령직에서 물러난다면 국민들이 그렇게까지 자괴감을 느끼진 않을 것이다. 하지만 박근혜 대통령은 숱한 증거 앞에서도 죄를 인정하지 않는 것은 물론이고, 증인들을 빼돌리고 위증을 교사하며, 고의로 수사를 지연시키는 등 온갖 추한 모습을 다 보이고 있는 중이다. 대통령의 품격은 고사하고 범죄자의 품격도 갖지 못한 그분 때문에 우리는 연말을, 연초를, 명절을 잃어버렸다. 하지만 이건 약과일지도 모르겠다. "탄핵이 기각되면 국민의 힘으로 언론과 검찰이 정리될 것이다"라는, 그분이 인터뷰 도중 했다는 말로 짐작건대, 어쩌면 우리는 대한민국을 잃어버릴 수도 있을 테니 말이다. (2017. 2. 1.)

/

대통령과
시모토아

　　　　　　"공약 파기라는 데 대해 동의할
수 없다." 청와대 대변인이 기자들과 만난 자리에서 한 말이
다. 2012년 대선 때 박근혜 대통령은 "부산 시민이 바라는
신공항을 반드시 건설하겠다"고 약속한 바 있는데, 프랑스
에 용역을 줘서 타당성을 따져본 끝에 '기존 김해공항 확장'
으로 결론이 나자 공약 파기 논란에 휩싸였다. 하려던 사업
이 수지가 안 맞는다면, 그리고 그 재원이 국민의 세금이라
면, 욕을 좀 먹더라도 안 하는 게 맞다. 그렇다 하더라도 대
통령의 말을 믿고 기대했던 해당 지역 주민들에게 사과 정
도는 하는 게 도리다.

게다가 신공항 사업이 이렇게 결론 난 건 이번이 처음은 아니다. 이명박 전 대통령도 신공항을 짓겠다고 공약했지만, 이리저리 따져본 끝에 내린 결론은 신공항을 짓지 않는 것이었다. 결국 이명박 대통령은 2011년 만우절을 맞아 영남권 신공항이 백지화된 것에 대해 사과했다. "대통령 한 사람 편하자고 다음 세대에 부담을 주는 사업을 하자고 할 수 없다"는 취지였다. 이렇게 일단락된 사건에 다시 불을 지피고, 보수세력의 본산이라 할 영남 지역을 편을 갈라 싸우게 만든 장본인은 바로 박근혜 대통령이었다. 그런데 박근혜 대통령은 사과하는 대신 '기존 공항 리모델링이 사실상 신공항'이라는 창조적 해석으로 공약 파기 논란을 벗어나려고 한다.

미리 말해두지만, 나는 박근혜 대통령의 지지자다. 2012년 대선 때 술자리에서 누군가가 '박근혜 대통령을 이명박 전 대통령과 비교하면 어떨 것 같으냐?'는 질문을 했다. 그 자리에 있던 사람들 대부분이 '박 대통령이 더 못할 것이다'라고 한 반면, 나는 박근혜 대통령이 훨씬 나을 것이라고 답했다. 이명박보다 못하기 힘들며, 박근혜 대통령은 자녀가 없어서 측근 비리를 저지르기 힘들다는 게 당시 내 변명이었다. 내가 박근혜 대통령을 지지한다는 증거는 이게 다지만,

내 의견에 대한 수많은 반박에도 끝끝내 박근혜 대통령 편을 든 건 쉽지 않은 일이었다. 그로부터 4년이 지난 지금은 내가 좀 순진했다는 생각이 든다. 국가를 수익모델로 삼아 자신과 측근들의 재산을 불리는 데 주력한 이명박 전 대통령보다 국가 수준을 40년 전으로 돌리는 박근혜 대통령이 훨씬 더 나빠 보이니 말이다. 물론 잘못은 누구나 할 수 있다. 중요한 건 진솔한 사과, 그게 있어야지 그로 인해 피해를 본 사람들이 위로받을 수 있고, 대통령 자신도 사과를 통해 다음번엔 비슷한 잘못을 하지 않을 수 있으니 말이다.

'시모토아'라는 기생충이 있다. 중남미 해안 지방의 물고기에 기생하는 시모토아는 팬클럽이 있을 만큼 우리나라에서도 높은 인기를 누리고 있다. 잘못한 일에 대해 사과하고 합당한 책임을 진다는 게 그 비결이다. 원래 시모토아는 물고기의 혀 근처에 살면서 혀로 가는 혈관에 입을 박고 피를 빨아먹는다. 혈액 공급이 부족해진 혀는 얼마 안 돼서 썩어버리고, 결국 떨어져나간다. 여기까지만 보면 시모토아는 굉장히 나쁜 기생충이다. 멀쩡한 혀를 없애버리니, 변명의 여지가 없다.

하지만 시모토아가 빛나는 대목은 그다음부터다. 자신의 잘못을 깨달은 시모토아는 물고기에게 다음과 같이 용서를 구한다. "물고기야, 내가 내 욕심만 채우려고 너에게 몹쓸 짓을 했구나. 하지만 걱정 말아라. 앞으로 내가 너의 혀가 되어줄게." 실제로 시모토아는 물고기의 혀 위치에 자리를 잡고 혀가 하던 역할을 대신한다. 물론 물고기의 혀가 대단한 일을 하는 건 아니다. 먹이가 물고기의 입에 들어가면 다시 나가지 못하게 막는 정도가 고작이지만, 그게 있고 없고는 물고기에게 매우 중요하다. 실제로 혀가 없어진 물고기는 얼마 지나지 않아 영양실조에 빠지지만, 혀 대신 시모토아를 가진 물고기는 정상 물고기와 비교할 때 체중 변화가 거의 없었단다. 그뿐이 아니다. 물고기가 죽고 나면 시모토아는 다른 곳으로 떠나는 대신 물고기의 곁을 지키며 그의 죽음을 애도한다. 이 정도면 가히 '사과의 아이콘'으로 불려야 되지 않을까?

물론 박근혜 대통령에게 시모토아 정도의 사과를 기대하는 건 아니다. 그저 이명박 전 대통령 정도의 사과가 우리가 기대하는 한계치일 텐데, 문제는 박근혜 대통령이 그 정도의 사과마저 거부하고 있다는 점이다. 사과 안 하는 방법도 다양하다. 윤창중 대변인이 성추행을 했을 때는 홍보수석이 나와 "국민과 대통령에게 진심으로 사과드린다"고 했는데, 사과를 해야 할 대통령이 오히려 사과를 받는 어처구니없는 상황은 적어도 기생충의 세계에서는 일어나지 않는다.

메르스로 인해 경제가 마비되고 많은 국민이 고통을 겪었을 때도 대통령 대신 총리가 된 지 하루밖에 안 된 황교안 총리가 사과를 했다. 세월호 사건 때도 사과를 계속 미루다가 열흘이 지난 후 국무회의에서 "뭐라 사죄를 드려야 그 아픔과 고통이 잠시라도 위로를 받을 수 있을지"라고 말한 바 있는데, 이걸 과연 사과라고 불러야 할지 잘 모르겠다.

이런 일련의 사태를 보면 박근혜 대통령은 기본적으로 사과를 하지 않겠다는 신념을 갖고 있는 것 같다. 사과가 싫다면 잘못을 하지 않으면 될 텐데 그런 것도 아니니 답답하다. 멕시코에 사는 시모토아를 데려와 사과에 대한 강의를 듣는다면 좋으련만, 남의 말도 잘 듣지 않으니 방법이 없어 보인다. 대통령의 사과가 없는 나라, 지금 우리는 그런 나라에 살고 있다. (2016. 6. 29.)

침묵의
정치

나는 말주변이 별로 없는 편이다.
그래서 아주 절박할 때가 아니면 입을 열지 않게 되었다. 학
교에서 하는 회의 때 자발적으로 말을 한 적은 거의 없고,
혹시 누가 내 의견을 물을까봐 전전긍긍했다. 그렇다고 내
가 말 잘하는 것에 대한 욕망이 없는 건 아니었다. 잘생긴
사람보다 말 잘하는 사람이 훨씬 부러웠고, 특히 1~2분이
면 충분한 이야기를 10분씩 하는 분들을 보면 아예 넋을 잃
었다. 달변가의 꿈을 품고 혼자 연습을 하기도 했지만 말주
변은 잘 늘지 않았다. 이 말재주로 방송에 나갔을 때 남들은
이렇게 나를 격려했다. "너에겐 어눌한 데서 오는 매력이 있

어."

처음 박근혜 대통령을 보았을 때 나는 동병상련의 감정을 느꼈다. 더구나 대통령은 정치인이었으니, 말을 못한다는 것에 대한 스트레스도 컸을 것이다. 하지만 대통령의 눌변이 이해 안 가는 건 아니었다. 다들 알다시피 대통령은 터놓고 대화할 사람이 거의 없는 청와대에서 10대와 20대를 보냈고, 유신이 몰락한 이후에는 20년 가까이 칩거를 했다. 그 기간 중 책이라도 열심히 읽었다면 모르겠지만, 그런 것도 아니었다. 이런 상황에서 말을 잘한다면 그게 더 이상할 터였다.

정치판 입문의 기회로 삼았던 1998년 대구 재보궐 선거에서 당시 박근혜 후보가 했던 연설은 대부분 이런 식이었다. "아버지가······ 아버지는······ 아버지를······ 아버지!" 여기서 떨어졌다면 스피치 학원이라도 다니면서 화술을 키웠을 텐데, 박근혜 후보는 경쟁자로 나왔던 엄삼탁 후보를 엄청난 표차로 이기면서 국회의원이 되었다. 그 후에도 대통령은 굳이 많은 말을 할 필요가 없었다. 유세 도중 아버지를 몇 번만 부르면 표가 쏟아졌으니까. 설마 이러다 대통령까지 될까 했는데, 그 일이 실제로 일어나 버렸다!

대통령은 일반 정치인과 달랐다. 대선 후보 시절 텔레비

전 토론회도 이리저리 피해 다닌 대통령이었지만, 대통령이란 자리가 끊임없이 국민과 소통해야 하는 만큼 마이크 앞에 설 기회가 많을 수밖에 없었다. 그래서 대통령은 다음 두 가지 전략을 취했다. 첫째, 가급적이면 말을 하지 않기. 다들 대통령의 입만 쳐다볼 때조차 말하기를 회피했고, 아랫사람을 시켰으니까. 메르스 파동 때 황교안 총리가 대국민 사과를 하게 만든 게 대표적인 예다.

둘째, 돌발 상황 피하기. 어쩌다 말을 해야 할 때는 미리 원고를 준비해 프롬프터에 띄운 뒤 그냥 읽었고, 신년 기자회견처럼 피할 수 없는 행사에선 어떤 질문을 할 것인지를 사전에 받음으로써 말주변이 드러나는 것을 막았다. 심지어 할 말만 하고 질문은 받지 않는 황당한 회견도 있었으니, 대통령이 얼마나 말하기에 공포감을 갖고 있는지 짐작이 간다. 이러면서도 대통령은 자신이 눌변가라는 세간의 인식이 마음에 들지 않았던 모양이다. 국무회의 때처럼 자신이 일방적으로 말하는 자리에서 대통령은 말을 길게 늘여 함으로써 달변가의 이미지를 심으려 했다. '밥을 먹었다'는 것보단 '입을 통해 밥을 몸 안에 집어넣었다'가 훨씬 더 지적으로 보이는 것과 같은 이치다.

"그게 무슨 새삼스러운 일도 아니고, 그런 가운데 우리의 핵심 목표는 올해 달성해야 할 것이 이것이다 하고 정신을 차리고 나아가면 우리의 에너지를 분산시키는 것을 해낼 수 있다는 그런 마음을 가지셔야 된다." 박근혜 어록으로 남은 이 말은 달변가에 대한 대통령의 욕망을 너무도 잘 드러냈지만, 너무 말을 길게 하려다 보니 주어가 뭔지 스스로 헷갈렸고, 그 결과 정체불명의 문장이 탄생해버렸다. 그런데 이 말이 나온 뒤 국무위원 중 "그게 무슨 뜻이죠?"라고 묻는 사람이 하나도 없었던 걸 보면 그들도 대통령에게서 의미 있는 말을 듣고자 하는 마음은 없었던 모양이다. 이 밖에도 대통령은 많은 어록을 남겼는데, 그 대부분이 문장을 길게 늘이다 발생한 참사였다.

2016년 4·13 총선이 새누리당의 참패로 끝났다. 선거 참패의 원인이 유승민 등 소위 배신자를 쫓아낸 뒤 자신과 친한 인사들을 국회에 보내려고 무리수를 둔 대통령에게 있건만, 대통령의 반응은 좀 어이없었다. 선거 다음 날 청와대 대변인의 말이다. "20대 국회가 민생을 챙기고 국민을 위해 일하는 새로운 국회가 되기를 바랍니다." 불리할 때 침묵하고, 정 말해야 할 때는 아랫사람을 시킨다는 첫 번째 원칙이 잘 구현되긴 했지만, 너무한 것 아닌가? 자신도 그렇게 느꼈는지 며칠 뒤 비서관회의에서 대통령은 총선에 대해 추가로 언급한다. "앞으로 국정의 최우선 순위를 민생에 두겠다."

　문장을 억지로 늘이지 않고 짧게 말한 건 잘했다고 칭찬
할 만하지만, 그토록 열을 올리신 이벤트의 결과에 대한 반
응으로는 적절하지 않다. 대통령이 말을 잘하면 좋겠지만,
그렇다고 달변인 사람만이 대통령을 해야 하는 것은 아니
다. 조금 어눌해도 자신이 해야 할 말을 해주는 대통령이라
면 누가 뭐라고 하겠는가? 하지만 대통령은 그럴 생각이 없
는 듯하니, 그가 해야 할 말을 역시 눌변가인 내가 대신 해
준다. "제가 국민을 우습게 보고…… 어 그러니까…… 너무
오만하게 굴었습니다. 죄송합니다. 앞으로는 겸허한 정치를
하겠습니다."(2016. 4. 20.)

/

알파고
대통령

　　"한국형 알파고를 만들겠다."이
세돌 9단과 알파고의 대국이 끝난 지 이틀도 지나지 않은
시점에서 미래창조과학부가 내놓은 폭탄선언이다. 앞으로
5년간 국가가 1조 원, 민간에서 2조 5,000억 원, 모두 3조
5,000억 원을 투자한단다. 바둑의 최고수인 이세돌을 압도
적으로 이기는 알파고를 보면서 많은 사람이 '우리도 저런
게 있으면 좋겠다'고 탄식하던데, 미래창조과학부의 발 빠
른 선언은 자라나는 청소년들은 물론 바둑 좀 둬본 어른들
에게도 큰 희망을 선사했으리라. 인터넷의 반응도 뜨거웠다.
"유행에 민감한 대한민국." "만날 뭐만 하면 한국형, 지겹

다." "돈 버리는 소리가 들린다." "로봇 물고기는 뭐하냐?"

문제는 방향이다. 즉, 어떤 기능을 가진 알파고를 만들지가 관건이다. 바둑 잘 두는 알파고는 이미 구글이 만들었다. 물론 우리나라 기술이라면 구글 알파고에 불계승을 거둘 알파고를 만들 수 있겠지만, 그래 봤자 무슨 소용이겠는가? 이미 구글에 열광한 사람들이 뒤늦게 나온 한국의 알파고에 관심을 둘 것 같진 않고, 또 바둑이 세상의 전부는 아니지 않은가.

하지만 구글의 것과는 차원이 다른 알파고를 만든다면, 그래서 우리 실정에 맞게 잘 이용한다면 3조 5,000억 원의 비용도 아깝지만은 않다. 그렇다면 한국형 알파고에 어떤 기능을 탑재해야 할까? 혹자는 대통령을 대신할 알파고를 만들자고 한다. 현 대통령에게 반감을 가진 좌파들이 이런 주장을 하는데, 그들이 간과하는 것은 아무리 잘 만든 알파고도 현 대통령만큼의 정치력을 보일 수 없다는 점이다.

예를 들어보자. 우리나라의 국가부채는 2016년 초 600조 원을 돌파했다. 놀라운 점은 이명박 정부가 그렇게 노력했음에도 5년간 309조 원에서 440조 원을 만드는 데 그친 반면, 박근혜 대통령은 집권 3년 만에 160조 원을 더 올리는 기염을 토했다는 점이다. 그럼에도 세금을 올리지 않겠다니,

대통령의 목표는 아마도 세계 최대의 부채국가일 것이다. 하지만 알파고가 대통령이 된다면 이런 건 꿈도 꾸지 못한다. 오직 합리적인 판단만 하는 알파고는 집권하자마자 세금을 올리고 나라의 쓰임새를 줄여버릴 테니까. 부채의 규모보다 세계 1위가 주는 소소한 기쁨이 있다는 걸 알파고는 알 턱이 없다. 북한이 잃는 것보다 우리의 손실이 수십 배에 달하는 개성공단 폐쇄도, 성적性的으로 문제가 많은 분이 대변인이 되는 것도 알파고가 대통령이라면 불가능한 일들이다.

대통령을 대신할 알파고를 만들지 못한다고 할 때, 차선책으로 생각할 수 있는 건 대통령을 도울 알파고다. 바로 사람의 마음을 읽는 알파고다. 국회의원 선거에서 집권여당의 공천이란 나라는 어찌 되든 대통령에게만 충성할 사람들을 가려내는 과정, 하지만 이게 쉽지 않다. 열길 물속은 알아도 한길 사람 속은 모른다는 속담처럼, 대통령에게 충성할 사람이 누군지 알 방법이 없어서다. 공천 여부가 화제가 된 유승민 의원을 보라. 2004년 당시 초선이던 유승민은 한나라당 대표였던 박근혜에게 충성한 덕분에 비서실장으로 발탁되었고, 그 뒤에도 쭉 박근혜만 바라보는 정치를 해왔다. 전문용어로 말하자면 '원조 친박'인 셈, 하지만 그의 충성심은 가짜였다. 세간의 화제를 모았던 세월호 시행령 파동이 아니었다면, 그가 대통령을 배신할 것임을 우리는 절대로 알지 못했으리라.

비단 유승민뿐만이 아니다. 지금 수많은 이가 '친박', '진박', 심지어 '진진박'을 자처하며 자신을 공천해달라고 울부짖지만, 그들 중 국회의원이 되고 나서 대통령에게 배신의 칼을 겨눌 사람이 없다고 장담할 수 있겠는가? 그들이 의원으로서 권력을 향유할 2016년과 2017년이 대통령의 레임덕과 겹친다는 점에서, 제대로 된 사람을 공천하는 일은 매우 중요하다.

그래서 한국형 알파고가 필요하다. 누가 대통령의 사람인지 잘 따져서 대통령의 업무를 도와줄 알파고가. 그런 걸 어떻게 만들겠느냐고 하겠지만, 꼭 불가능한 것만은 아니다. 이세돌과 바둑을 둔 알파고를 떠올려보라. 이세돌이 두었던 판을 모조리 학습하고, 이세돌이 바둑돌을 둘 때마다 십여 수 앞을 내다보는 게 가능하다면, 한 정치인의 삶을 입력하고 그의 앞날을 내다보는 것도 얼마든지 가능하지 않겠는가? 그게 어렵다면 '박 대통령은 늘 옳다', '박 대통령이 잘되는 게 나라가 잘되는 것이다', '박 대통령의 아이큐는 430이다' 같은 말로 끊임없이 사람들을 세뇌시켜 충신을 양성하는 알파고라도 만들어보자. 우리나라엔 이 분야 전문가들이 아직 많이 생존해 계시니, 비용절감의 효과도 있다.

집권 초 박근혜 대통령은 창조경제를 선언한 바 있다. 아쉽게도 그 뜻을 제대로 아는 사람은 없었고, 집권 4년째가 다 되도록 창조경제의 실체는 밝혀진 바가 없다. 하지만 한국형 알파고가 만들어져 정치개혁을 이루고, 또 미얀마나 수단, 파키스탄 등 여러 선진국에 수출까지 된다면, 더는 창조경제가 무엇인지 묻는 이는 없을 것 같다. 한국형 알파고가 기대되는 이유다. (2016. 3. 23.)

/

'부정본능'과
'임기부정'

인간과 침팬지는 DNA 서열이 98퍼센트 이상 일치한다. 그렇다면 다음과 같은 질문을 해볼 수 있다. 인간이 지구의 지배자가 된 반면, 침팬지는 왜 그러지 못했을까? DNA대로라면 침팬지도 도구와 언어를 만들고, 나름의 문명도 이룩할 수 있었을 텐데 말이다. 바르키와 브라워가 쓴 『부정본능』이란 책은 그 해답을 제시한다. 인간이 성공한 것은 제목 그대로 현실을 부정하는 능력 때문이라는 것이다.

침팬지를 예로 들어보자. 무리들과 함께 어울려 놀던 '침팬지1'은 정신세계가 다른 침팬지들보다 약간 뛰어나다. 어느 날 그는 자신이 따르던 '침팬지2'가 늙어 죽는 것을 본다. 다른 침팬지들은 거기에 대해 별생각이 없었던 반면 '침팬지1'은 언젠가는 자신도 그렇게 죽을 거라고 생각하며, 죽음에 대해 두려움을 갖게 된다. 그럼 어떻게 될까? '침팬지1'은 조금이라도 위험한 일은 하지 않으려 했다. 나이를 먹을수록 두려움은 커져, 이미 아무것도 안 하고 있지만 점점 더 아무것도 안 하려 했다.

　다른 침팬지들이 보기에 '침팬지1'은 그냥 '또라이'다. 이런 침팬지와 결혼하려는 침팬지는 없었으며, 자연선택은 '침팬지1'을 도태시켰다. 하지만 인간은 이와 달랐다. '침팬지1'보다 정신세계가 훨씬 진화된 인간은 여기에 맞설 방어기제를 만들어냈으니, 그게 바로 '현실부정', 더 정확히 말하면 '필멸성의 부정'이다. 사람들이 죽음을 잊은 채 살아가는 건 그 덕분이다. 동갑 친구의 장례식에 다녀온 그날은 우울하겠지만, 현실로 돌아가는 데는 불과 며칠이 걸리지 않는다. 이게 어떻게 인간의 성공을 가져왔을까? 미지의 땅을 개척하고, 오래 존속하는 건물을 짓고, 빠르지만 사고 위험이 있는 교통수단을 타는 것 등은 현실부정이 아니었다면 불가능했을 것이다.

　1987년 10월 공포된 10호 헌법에 의하면 대통령의 임기

는 5년이며, 딱 한 번만 할 수 있다. 이런 상태에서 대통령
이 되면 우울해질 수 있다. '5년이 지나면 영락없이 물러나
야 하니, 대통령 자리도 무상하구나!' 그럼 어떻게 해야 할
까? 자신이 목표한 바를 5년 동안 부지런히 하려고 애를 쓰
는 게 정상이다. 김대중 전 대통령은 북한과의 관계개선에
힘썼고, 노무현 전 대통령은 수도 이전으로 서울의 과밀화
를 해소시키려 애썼다. 이명박 전 대통령은 4대강 사업을 통
해 자신의 지인들에게 화끈하게 일감을 몰아주었다.

그렇다면 박근혜 대통령은 무얼 하셨을까? 취임 첫해에는
대변인에 윤창중을 임명한 걸 제외하면 아무것도 하지 않았
으며, 2년차에도 특별히 한 일이 없었다. 임기 중반이라고
할 3년차가 되자 대통령이 드디어 일을 시작했는데, 가장 먼
저 하신 일이 바로 역사교과서 국정화였다. 반대하는 여론
이 더 높았지만 대통령은 흔들림 없이 밀어붙였고, 얼마 전
기사를 보니 친일과 독재가 미화된, 아이들의 혼을 맑게 해
주는 교과서가 만들어진 모양이다. 지금은 노동개혁법을 통
과시키기 위해 국회를 압박하고 계신데, 이 법안만 통과된
다면 우리 청년들이 비정규직에서 마음껏 일할 수 있는 좋
은 시대가 온다니 이것 역시 기대가 된다.

굵직한 일을 두 개나 하긴 했지만, 좀 이상하긴 하다. 5년

이라는 기간이 막상 일하려면 그리 긴 시간도 아니니, 하려던 바가 있다면 취임 초부터 화끈하게 밀어붙여야 했다. 그런데 왜 대통령은 이렇게 띄엄띄엄 일할까? 2년차 때는 세월호 사고가 있었고, 3년차 때는 메르스가 있어서 일하는 데 지장이 있었긴 하다. 그런데 대통령은 이 두 가지 일을 수습하는 데도 그다지 한 일이 없으니, 이걸 핑계 삼기엔 좀 궁색하다.

『부정본능』을 읽고 난 뒤에야 이해가 되었다. 대통령은 임기가 얼마 남지 않은 것에 대한 방어기제로 '임기부정'을 구현하고 계신 거였다! 임기가 무한정 많이 남았다는 생각이 드니 일 때문에 서두를 필요가 없고, 대신 혹시 있을지도 모르는 레임덕만 걱정하면 된다. 자신의 뜻을 거스르는 정치인에게 배신자 낙인을 찍으면서 펄펄 뛰셨던 것도 그런 연유다. 남는 게 시간이라고 생각하니 쓴소리를 해도 잘 듣지 않는다. 예컨대 더불어민주당 김종인 대표는 대통령의 국가부채를 걱정한다. 노무현 정부 때 재정적자는 10조 원에 불과했지만, 이명박 정부 때는 100조 원의 적자를 보았고, 박근혜 정부는 불과 3년 만에 167조 원의 신화를 이루었다는 것이다. 이런 말도 대통령에겐 별 소용이 없다. 임기부정의 달인답게 "그깟 부채, 천천히 갚지 뭐"라며 여유를 부리고 있을 테니까.

하기야, 임기부정을 대통령만 하고 있는 건 아닐지도 모
르겠다. 뜻있는 국민들은 이미 대통령의 임기를 19년쯤 되
는 걸로 느끼고 있지 않던가? 이런 사태를 미연에 방지하려
면 어떻게 해야 할까? 생각을 하고 투표를 하자. '침팬지1'
은 자연선택으로 도태되었지만, 대통령은 그럴 수가 없으니
말이다. (2016. 3. 9.)

대통령과
텔레비전

　　　　　　　　　　 "혹시 기생충 박사님 아니세요?"
지하철에 서 있는데 나이 드신 여성분이 내게 말을 건넨다.
텔레비전에서 나를 보았다고 했다. 지금은 이런 것에 제법
익숙해졌지만, 처음 이런 일을 겪을 땐 여러 가지 감정이 교
차했다. 나를 알아봐줘서 고맙다는 생각도 들었고, 한편으
로는 '이제 나쁜 짓도 못하겠구나'라는 생각을 하기도 했다.
하지만 가장 오래 나를 지배한 감정은 우쭐함이었다. 내가
뭐라도 된 것 같은 기분에 사로잡혀 살았고, 누군가가 나를
모른 체하고 지나가면 마음속으로 '아니 나를 몰라보다니!'
라고 외치기도 했다.

그러던 어느 날, 존경하는 분과 팟캐스트를 녹음했다. 녹음이 끝나고 같이 밖으로 나갔는데, 길을 가던 몇몇 분이 나를 알아본다. 의아했다. 내 옆에 계신 분은 『헌법의 풍경』을 비롯해 몇 권의 베스트셀러를 내신, 나와는 비교도 안 될 훌륭한 분인데, 그분을 몰라보고 나를 알아보다니 이건 세상이 잘못되어도 보통 잘못된 게 아닌 것 같았다. 집에 가서 곰곰이 생각을 해본 뒤 이런 결론에 도달했다. "방송은 거기 출연한 사람을 유명하게 만들어준다. 하지만 그 유명세는 그 사람이 훌륭한 것과는 무관하다. 그러니 남들이 알아보는 사람이 되었다는 게 결코 우쭐해할 일은 아니다."

이렇게 정리를 하고 난 뒤 혹시 누가 나를 알아봐도 들뜨지 않으려 애썼는데, 나중에 방송에서 잘리고 다시 일반인으로 돌아간 뒤에도 의기소침하지 않을 수 있었던 건 다 이런 정신수련 덕분이다. 물론 "훌륭한 사람이니까 방송에 나가는 것 아니냐?"는 반론이 제기될 수 있고, 방송에 나가는 분들 중 실제로도 훌륭한 분이 많을 테지만, 원래 훌륭했던 분들도 우쭐하게 만드는 게 방송의 무서운 점이리라. '방송 나가더니 변했다'는 말이 여기저기서 들리는 게 괜한 일은 아니다.

그 대표적인 예가 바로 박근혜 대통령이다. 대통령이 되기 전 박근혜는 '원칙과 신뢰'라는 말이 연관 검색어로 뜰 만큼 훌륭한 분이셨다. 대표 시절 멀쩡한 당사를 놔두고 천막에서 업무를 보신 건 전설적인 일화고, 빗발치는 환원 요구에도 정수장학회를 지켜내는 장면은 감동적이었다. 하지만 다들 알다시피 대통령이 된 뒤 박근혜는 변했다. 야당 시절 "역사를 정권이 재단해선 안 된다"고 해놓고선 2015년 역사교과서 국정화를 단행했고, 대선 때 댓글을 단 국정원에 셀프개혁을 주문함으로써 사실상 면죄부를 주었다.

그 밖에도 복지 공약을 외면했고 민주주의의 기본인 삼권분립을 유린하는 데 앞장서는 등 비판받을 점이 한두 개가 아니다. 여기에 대해 좌파들은 "원래 그런 사람이었다"고 하는 모양인데, 방송 활동을 몇 년이라도 했던 내가 보기엔 이게 다 방송 탓이다. 『미디어오늘』이 2015년 1월부터 191일간 지상파 3사 메인뉴스의 박근혜 대통령 관련 보도를 조사해본 결과 대통령의 출연 빈도는 실로 엄청났다. SBS 162건, KBS 155건, MBC 152건이었는데, 그 기간 중 휴일이 30일가량 껴 있다는 걸 감안하면 거의 매일 한 번씩, 그것도 지상파 황금시간대에 모습을 드러낸 셈이다.

물론 대통령이 하는 일 중 국가적으로 중요한 일이 많다보니 그랬을 수도 있지만, 저 보도들 중엔 대통령의 근황을

보도해야 한다는, 독재정권 시절부터 내려온 강박관념에서

비롯된 것도 많다. 예를 들어 '○○○와 밥을 먹었다'든지 '○○○와 만나서 환담했다' 같은 것도 있던데, 이런 걸 모든 국민이 알아야 할까? 이런 식으로 매일 나오다 보면 제아무리 간디 같은 성인이라 할지라도 변할 수밖에 없는데, 간디에 조금 못 미치는 박근혜 대통령이 변한 건 너무도 당연했다. 시간이 많다면 정신 수련으로 극복할 수 있겠지만, 워낙 바빠서 7시간의 짬도 내기 힘든 대통령에게 그런 걸 요구하긴 어렵다. 그럼 어떻게 해야 할까? 최소한 지상파만이라도 대통령을 그만 놔주었으면 좋겠다.

비단 대통령이 아니더라도 텔레비전에서 보도할 만한 뉴스는 차고 넘친다. 아리랑TV 사장의 비리를 밝히는 데 공을 세운 따님을 출연시킨다든지(2015년 9월 박근혜 대통령 방미 당시 아리랑TV가 주관방송사로 선정되었는데, 방석호 사장은 가족과 함께 동행했고, 가족을 위해 법인카드를 써댔다. 이게 밝혀진 건 그 딸의 SNS 덕분이었다), 요즘 진정한 충신이 뭔가를 보여주고 있는 최경환 전 경제부총리의 일대기를 보도하는 것도 좋지 않을까? 물론 국가적으로 중요한 일을 할 때는 보도를 하는 게 당연하겠지만, 그런 경우는 극히 드물다. 지난 3년을 돌이켜보라. 대통령이 한 중요한 일이 대체 몇 개나 되는가?

변하기 전의 모습을 되찾을 수 있다는 것 말고도 지상파의 대통령 외면이 가져올 긍정적 효과는 많다. 그 대표적인 게 욕을 덜 먹을 수 있다는 점이다. 현재 우리나라에는 천만이 넘는 좌파가 살고 있고, 그들은 대통령이 말씀을 하실 때마다 거품을 문다. 하지만 아예 대통령 보도를 안 해 버리면 그들은 목표를 잃은 미사일처럼 방황하다가 제 풀에 쓰러질 테니, 잘만 하면 좌파 척결도 이룰 수 있다. 다행히 종편에서 대통령 보도에 열을 올리고 있으니 대통령으로서는 그리 서운할 것도 없을 것 같다. 그래서 제안한다. 지상파 뉴스는 대통령 보도를 중단하라. 원칙과 신뢰의 대통령을 다시 만날 수 있도록. (2016. 2. 3.)

/

혜리형
정치인

　　　　　화제를 모았던 드라마 〈응답하라
1988〉(이하 〈응팔〉)이 종영된 날, 모 신문에는 다음과 같은
제목의 기사가 실렸다. "혜리가 해낼 줄이야! 무시해서 미안
해." 제대로 연기수업을 받은 적이 없는 걸그룹 가수가 인기
시리즈의 주인공 역할을 해낼지 걱정했는데, 그게 기우였다
는 것이다. 아닌 게 아니라 〈응팔〉이 기록한 20퍼센트의 시
청률은 공중파에서도 잘 보기 힘든 수치다.

　이 드라마에 나온 출연자들의 연기는 다 출중했지만, 극중
주인공 '덕선이'를 위해 태어난 듯 보이는 혜리가 아니었던
들 〈응팔〉이 이렇게 화제가 되었을까 싶다. 가장 인상 깊은

장면은 혜리가 천재 바둑기사 최택과 함께 중국에 갔을 때였다. 말이 안 통하는 호텔 직원에게 몸짓 발짓을 동원해가며 "방이 너무 추워서 입이 돌아갔다"는 이야기를 하는 장면은 나처럼 혜리를 불신했던 모든 사람을 겸연쩍게 만들었다.

혜리가 빛나는 연기를 한 비결은 무엇일까? 그건 아마도 극중 배역이 혜리의 삶 그 자체였기 때문이 아닐까? 〈응팔〉의 '덕선'이 그랬듯 실제의 혜리 역시 상대가 누구든 기죽지 않고 하고 싶은 말을 하고, 맛있는 음식이 있으면 염치 불구하고 일단 먹고 보았을 것 같다. 김태희였다면, 지금보다 나이가 10년쯤 더 젊다 해도, 이 배역을 소화하는 게 쉽진 않았을 것이다. 오해 없기 바란다. 지금 나는 김태희가 연기를 못한다고 하는 건 아니다. 그녀의 연기력은 2015년 후반기의 화제작 〈용팔이〉를 비롯해 수없는 히트작을 낸 것으로 이미 증명되었다. 그럼에도 김태희에게 '덕선이'가 어울리지 않다고 한 것은 그녀의 삶이 엄청난 자기관리로 점철되었으리라는 추측 때문이다.

한창 놀고 싶은 중·고교 때 책상머리에 앉아 있는 건 엄청난 노력이 필요하다. 나처럼 못생겨서 할 수 없이 공부한 거라면 모를까, 빛나는 미모를 가진 그녀에게 얼마나 많은 유혹이 있었을지를 생각하면, 그녀의 자기관리가 새삼 대단

하게 느껴진다. 김태희가 데뷔 이후 16년째 톱 탤런트의 자
리를 지키고 있는 것도 다 그 덕분이리라. '덕선이'에 김태
희가 어색한 것처럼, 혜리 역시 〈용팔이〉에서 김태희가 맡
았던 '한여진' 역을 소화하는 건 버거울 것이다. 드라마마다
요구하는 스타일이 다른 만큼, 혜리 같은 천방지축도, 김태
희로 대변되는 진중한 연기자도 꼭 있어야 한다.

  정치판도 마찬가지다. 다는 아니라도 정치인 중 일부는 혜
리처럼 좌충우돌하면서 새로운 바람을 일으켜주어야 한다.
노무현 대통령을 떠올려보자. 5공 비리를 다룬 청문회 때 모
르쇠로 일관한 전직 대통령에게 명패를 던졌고, 3당 합당이
란 폭거가 자행될 때는 자신의 정치적 아버지와 절연했다.
번번이 지면서도 지역주의에 맞서 싸웠고, 그래서 '바보 노
무현'이란 별명을 얻었다. 대통령이 된 뒤에도 그는 달라지
지 않았다. 검사와의 대화 때 "이쯤 되면 막가자는 거지요?"
라고 한 것처럼, 하고 싶은 말은 거침없이 했다.

  이런 그를 보수세력은 품위가 없다며 비판했지만, 그는 아
랑곳하지 않았다. 그의 재임 기간 국민들의 삶이 얼마나 나
아졌는지에 대해서는 아쉬운 점이 있지만, 그가 많은 매력
을 지닌 정치인이었던 건 분명하다. 그가 '노사모'라는, 정치
인 최초의 팬클럽을 거느린 것도 그 덕분이다.

　　노무현 대통령 이후 혜리형 정치인을 보는 건 힘들어졌다. 새누리당을 보자. 명백한 불의가 자행되어도 다들 침묵으로 일관하는 게 아예 체질이 되었다. 당 원내대표였던 유승민은 국회의 권위를 지키려다 대통령에게 야단을 맞자 90도로 허리를 굽혀 사과했다. 당 대표 김무성은 납작 엎드리는 것도 모자라 대통령에게 아부를 해댄다. "이렇게 개혁적인 대통령은 앞으로 만나기 힘들 것이다"라니, 이렇게까지 해서 대표직을 유지해야 하는지 한숨이 나온다. 혜리형 정치인이 없는 건 야당도 마찬가지다. 차기 대선 주자로 유력한 문재인을 보자. 대통령 비서실장을 지낼 당시 부인을 백화점에 못 가게 하고, 청탁을 안 받으려 친구도 일절 만나지 않는 등 자기관리가 뛰어난 점은 십분 인정하지만, 그 이외에 어떤 매력이 있는지는 잘 모르겠다. 안철수는 어떨까? 입대 전날까지 백신을 만드느라 바빠 가족들에게 군대 간다고 말도 안 한 채 입대했을 만큼 자기관리의 화신인데, 너무 말을 아끼느라 침묵으로 일관하는 게 답답할 때가 많다.

　　그럼 지금 정치판엔 혜리형 정치인이 없는 것일까? 혜리형 정치인의 덕목이 '좌충우돌'이라면, 딱 한 분이 생각난다. 역사교과서 국정화로 한바탕 회오리바람을 일으키고, 자신의 일을 남의 일처럼 이야기하는 유체이탈화법을 즐겨 쓰는

데다, 바람같이 사라졌다가 7시간 만에 나타나는 분, 이 정
도라면 혜리형이 되기 충분하지 않을까? 물론 차이는 있다.
혜리의 좌충우돌은 보는 이들에게 즐거움을 선사하는 반면,
이분의 좌충우돌은 주변을 어둡게 한다는 것이다. 아무렴
어떻겠는가? 있으면 그만인 것을. (2016. 1. 20.)

/

대통령과
과학자

훌륭한 과학자는 어떤 자질을 갖고 있어야 할까? 다른 데 일절 눈을 돌리지 않고 실험만 잘하면 훌륭한 과학자라고 생각하겠지만, 꼭 그런 건 아니다. 첫째, 자신이 무엇을 하려는지 확실한 목표를 정하고, 둘째, 거기 맞는 인재를 모아 연구팀을 꾸리며, 셋째, 그들이 열심히 일할 수 있게 잘 관리하는 것, 그게 훌륭한 과학자가 할 일이다.

『잃어버린 게놈을 찾아서』는 네안데르탈인의 DNA 서열을 분석함으로써 스타 과학자가 된 스반테 페보 박사가 자신의 30년 연구 인생을 정리한 책이다. 이 책에서 가장 흥미

로웠던 것은 페보가 성공적인 연구 생활을 한 이유였다. 앞에서 언급한 첫째, 둘째야 남들도 웬만큼 할 수 있지만, 페보에겐 남들이 어려워하는 세 번째를 잘하는 비결이 있었다. 팀장인 페보가 일방적으로 팀을 좌지우지하는 대신 이해하지 못한 부분이 있다면 팀원들이 언제든지 이의를 제기할수 있는 분위기를 만든 것이다.

이렇게 민주적인 분위기를 유지하면 장점이 더 많다. 첫째, 좋은 아이디어는 팀원들이 자유롭게 자기 의사를 표현하는 와중에 나올 수 있다. 페보가 숱한 난관을 뚫을 수 있었던 것도 그 덕분이었다. 둘째, 연구원이 주인의식을 갖는다. 교수가 하라는 대로 하면 의욕이 생기지 않고 일도 수동적으로 하게 되지만, 자기 의지가 반영된 연구라면 사정이다르다.

실제로 페보의 연구원들은 며칠씩 집에 안 들어가도 좋다는 태도로 연구에 임했다. 하지만 페보가 보기엔 이 시스템이 답답할 때도 여러 번 있었다. 이 분야 최고 전문가인 자신이 하자는데 남들이 반대를 하면 짜증이 나지 않겠는가? 그래서 페보는 "교수의 말이 곧 법이던 독재 시대로 돌아가고 싶다는 생각도 가끔씩 했"지만, 민주적인 분위기의 장점이 사라질까봐 "다수의 의견에 잠자코 따랐다. 우리 팀의 값진 자산인 생각을 자유롭게 교환하는 분위기에 찬물을 끼얹고 싶지 않았기 때문이다". 결국 그는 네안데르탈인에 대한 획기적인 업적을 만들 수 있었다.

그 중요성과 업무량에서 비교할 바는 아니지만, 대통령이 하는 일도 과학자와 다를 바 없다. 달성 가능한 국정 목표를 설정하고, 그 목표에 맞는 사람들을 불러다 일을 나누어주고, 그들이 일을 잘할 수 있도록 독려하는 게 대통령의 일이니까.

안타깝게도 박근혜 대통령은 그 일을 제대로 해내지 못하고 있다. 국정 목표부터 그랬다. 최우선 과제로 꼽은 '창조경제'라는 말을 제대로 이해하는 측근은 드물었다. 해당 분야 장관으로 오는 이들은 "창조경제가 뭐냐?"는 질문 공세에 진땀을 흘렸다. 국정 목표가 뭔지도 모르는 판에 사람들이 열심히 일할 수는 없는 노릇이다. '안전과 통합의 사회'를 비롯해서 5대 국정 목표가 대부분 달성되지 못한 것도 당연한 일이었다.

그렇다고 국정 목표에 맞는 사람들을 모으려 노력한 것도 아니었다. 현 정부의 인사 기준은 오직 '대통령과 친하냐?'였고, 친한 사람들을 주로 등용하다 보니 역대 어느 정부보다 심한 영남 편중 인사가 될 수밖에 없었다. 대통령은 "인재 위주로 인사를 하다 보니 어떤 때는 이쪽이 많기도 하고, 어떤 때는 저쪽이 많기도 하다"며 겸손해했지만, 차라리 "내가 영남에 오래 살아서 그렇다"고 하는 게 훨씬 더 설득력이 있을 듯하다.

하지만 대통령이 가장 못하는 것은 세 번째였다. 페보 박사처럼 민주적 분위기를 만들어주어야 신이 나서 일을 더 잘할 텐데, 대통령은 자신의 말에 토를 달지 못하는 분위기를 조성했고, 혹시라도 이의를 제기한 사람이 있다면 철저히 응징했다. 물론 뜻이 안 맞는 사람을 내쳐야 할 경우도 없지는 않다. 페보 박사 역시 낡은 기법만 고집하는 과학자와 결별하기도 했으니 말이다.

하지만 몇몇 측근에 대한 대통령의 응징은 그저 어이를 상실한다. 검찰총장은 국정원 댓글 수사를 열심히 하다 쫓겨났고, 유승민 원내대표는 세월호 참사의 진상을 규명하는 데 도움을 주려다 굴욕을 당했다. 김무성 대표와 대립각을 세우는 건 그가 2016년 총선에서 안심번호 국민공천제(휴대전화 여론조사를 통해 정당의 공직선거 후보를 결정하는 방식)를 하겠다고 야당과 합의해서다. 안심번호 국민공천제가 나쁜가? 아니다. 청와대는 민심이 왜곡되느니 국민 세금이 들어간다느니 하는 걸 반대 이유로 내걸지만, 속내는 이 제도로 인해 대통령 자신이 국회의원 공천권을 마음껏 휘두르지 못하는 게 싫어서다. 이런 분위기에서 국민을 위하려 나설 사람이 누가 있겠는가? 다들 숨을 죽이는 세상에서 대통령의 친위대인 '친박'들의 목소리만 날로 높아진다. 김무성 대표가 안심번호 국민공천제에 합의하자, 친박계 중진의원은 이렇게 말했다. "자기 형제를 죽이기 위해 오랑캐와 야합했다."

(2015. 10. 14.)

/

대통령만
모르는
대한민국

나는 서른부터 책을 읽기 시작했
다. 늦게 시작한 독서는 내 삶을 180도 바꿔놓았다. 나밖에
모르고, 사회에 대해 일말의 관심도 없던 내가 이제는 사람
들 앞에 서서 사회 정의에 대해 떠들고 있으니, 뽕나무밭이
바다가 된 격이다. 책은 어떻게 사람을 변화시킬까? 둘째가
라면 서러워할 독서가인 CBS 정혜윤 PD는 이렇게 말한다.
"책에는 좋은 말이 많잖아요. 요즘 세상에서 책이 아니면 그
런 말들을 어디서 듣겠어요? 그 말들을 듣다 보면 스스로 변
하지 않을 수가 없지요."

2015년 8월, 미국 버락 오바마 대통령이 여름휴가를 가

면서 책 6권을 가져갔다는 게 보도되었다. 휴가지에서 책을 읽는 대통령이라니, 멋져 보인다. 그가 가져간 책들은 다 나름의 의미를 지닌 것들이다. 『저지대』에 대한 해설을 보자. "1960, 1970년대 인도와 미국을 배경으로 시대와 개인, 개인과 개인의 관계를 차분하게 이야기하고 있다." 거기에는 이런 멋진 말도 나온단다. "죽음 앞에서 우린 평등해. 그 점에선 죽음이 삶보다 나은 것 같아."

『올 댓 이즈』도 한 남자의 삶을 통해 미국 사회에서 사는 게 어떤 것인지를 말해주는데, 이런 책들을 읽으면 삶이 무엇인지 좀더 이해할 수 있을 것 같다. 『여섯 번째 대멸종』은 지구에서 사라져가는 생명체들의 이야기로, 개발만이 능사는 아니라는 메시지를 얻을 수 있겠다. 비단 오바마만이 아니다. 제2대 대통령인 존 애덤스나 제3대 대통령인 토머스 제퍼슨은 장서가 수천 권인 애서가였고, 후임 대통령들 중에도 알아주는 독서가가 꽤 많았단다. 나름의 한계는 있을지언정 미국에서 민주주의와 인권이 중요한 가치가 된 것도 이런 전통 덕분일 것이다.

우리나라는 어떨까? 책 하면 떠오르는 분은 1만 7,000권의 책을 소장했다는 김대중 전 대통령이다. 그는 비서실장이 골프를 권하자 이렇게 말했단다. "좋은 운동이지요. 그런데 골프 한 번 치려면 서너 시간은 걸리죠? 그렇다면 책을 한 권 읽을 시간인데, 독서가 낫지 않을까요." 노무현 전 대통령도 책을 좋아해, 휴가 때는 물론이고 탄핵 소추를 당했을 때도 책을 읽으며 보냈다고 한다. 박근혜 대통령은 어떨까? 고백하자면 나는 박근혜 대통령에게 편견을 갖고 있었다. 책과 그다지 친하지 않을 것이라고 생각했기 때문이다. 대통령이 된 뒤 첫 번째로 간 2013년 여름휴가 때 박근혜 대통령이 공개한 사진을 보면 모래밭에 글씨를 쓰며 놀고 계시던데, 그 사진은 기존의 편견을 더 강화시켜주었다.

하지만 그건 내 착각이었다. 『경남신문』 기사의 한 구절을 보자. "박근혜를 대통령으로 만든 원동력은 무엇일까?……바로 '독서'다. 박 대통령의 삼성동 자택을 방문한 기자나 보좌관들은 누구나 놀란다고 한다. 원인은 2층 서재의 박근혜가 읽은 수많은 책 때문이다."

이번 여름휴가 때도 박근혜 대통령은 책만 읽으며 보냈다고 한다. 오바마와 달리 박근혜 대통령이 휴가 때 무슨 책을 읽었는지 자랑하지 않은 이유가 뭘까? 좌파들은 '읽는 책의 수준이 낮아서'라고 생각하겠지만, 진짜 이유는 "다른 출판사가 소외받을까봐"란다. 실제로 대통령이 읽었다고 공개한 『한국인만 모르는 다른 대한민국』은 바로 베스트셀러에 진입했다.

독서가의 한 명으로서 대통령이 책을 좋아한다니 다행이긴 하다. 좀 의아하다 싶은 건 그렇게 책을 좋아하는 분이 왜 서른 이전의 나와 비슷한 행동을 하시는 것이냐. 말씀에 두서가 없는 것도 그렇고, 타인에 대한 배려보다는 문제가 생기면 아랫사람에게 뒤집어씌우는 듯한 태도를 보이는 것도 책과 담을 쌓은 분 같다. 세월호 유족들을 대하는 태도는 더욱 미스터리다. 책을 많이 읽었다면 사랑하는 가족을 잃은 이의 슬픔을 능히 헤아릴 수 있어야 하는데, 그분들을 무슨 기생충 보듯이 하셨으니까.

비슷한 사례가 있긴 하다. 2000년 미국 대통령이 된 조지 부시도 독서 애호가였단다. 바쁜 대통령직을 수행하면서 2006년부터 3년간만 따져도 200권 가까운 책을 읽었으니, 대단하긴 하다. 하지만 다들 알다시피 그는 별 시답지 않은 이유로 이라크전쟁을 일으켰고, 평상시 모습에서도 독서를 통해 길러지는 지성이나 배려 같은 덕목을 찾아보긴 힘들다. 이분들은 도대체 왜 이런 걸까?

문제는 앎과 실천의 괴리일 것이다. 책을 읽고 아무리 좋은 교훈을 얻는다 해도 그게 실천으로 이어지지 않는다면 아무런 소용이 없지 않겠는가? 다시금 정혜윤 PD의 말을 인용한다. "책을 읽고 나서 나와야 할 진짜 좋은 질문은 '이 책을 읽었으니까 다음엔 어떻게 살아야 할까?'라는 것이에요. 이런 질문을 자기 자신한테 던질 때 책이 나를 변화시키는 조언이 될 수 있어요."

이제 가을이다. 책을 읽고 그걸 자신의 삶을 되돌아보는 계기로 삼자. 그렇지 않는다면 몇 트럭의 책을 읽는다 해도 변하는 건 없다. (2015. 9. 2.)

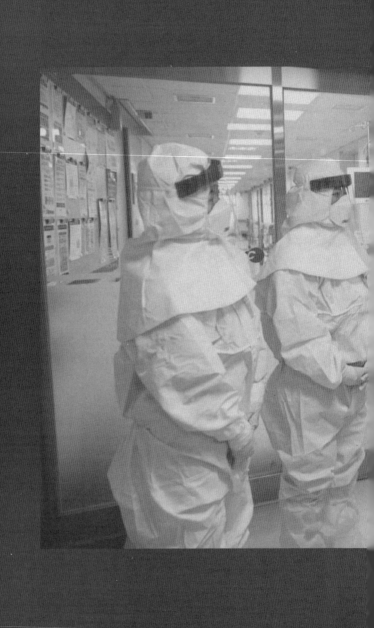

대통령의
'연승 신화'

　　　　　　　　　어릴 적 기억을 더듬어보면 싸움
의 승패를 따지는 기준은 다음과 같았다. 첫째, 잘못을 누가
더 많이 했는지와 무관하게 먼저 사과하는 쪽이 패자였다.
어른들은 "지는 게 이기는 거다"라는 철학적인 이야기를 하
기도 했지만, 또래들이 보는 앞에서 "미안해"라고 하는 건
정말 모양 빠지는 일이었고, 그 어른들도 막상 자신들이 싸
울 땐 일절 양보가 없었다. 둘째, 울면 지는 거였다. 눈물을
흘린다는 것은 겁을 먹었거나 싸운 것 자체를 굉장히 후회
한다, 이런 의미로 해석이 되었으니까. 이런 이야기를 한 이
유는 남들이 의식하지 못하는 사이 박근혜 대통령께서 '연

승 신화'를 써내려가고 있기 때문이다. 얼마 전 일어난 사건을 보자.

세월호 사고의 진상규명을 위해 우여곡절 끝에 특별법이 만들어졌다. 여기에 대해 대통령은 특별조사위원회의 독립적 조사를 무력화하는 내용을 담은 시행령을 만들어 국무회의에서 통과시켰다. 이건 애써서 특별법을 만든 국회에 대한 정부의 폭력이었기에, 안 되겠다 싶었던 국회는 소위 '국회법 개정안'을 여야 합의로 통과시킨다. 개정안의 내용은 국회가 정부를 견제할 수 있도록 더 강한 권한을 갖자는 것이니, 대통령으로서는 이 개정안이 마음에 들지 않았을 것이다.

그래서 대통령은 자신의 권한인 거부권을 행사했고, 개정안은 무효가 되었다. 여기까지는 그런대로 이해가 가지만, 말도 안 되는 일은 그 직후에 벌어졌다. 대통령이 불같이 화를 냈고, 여기에 대해 유승민 원내대표가 "대통령에게 송구한 마음을 금할 길이 없다"면서 사과한 것이다. 허리를 무려 90도로 구부리면서 말이다.

생각해보자. 민주주의는 삼권분립이 원칙이고, 행정부의 수반인 대통령이 입법부인 국회와 싸우는 것은 당연한 일이다. 따지고 보면 대통령이 먼저 시행령을 만들어 국회를 공격했고, 국회가 개정안으로 반격을 가했다. 대통령이 거부권을 행사하자 새누리당은 개정안을 폐기시킴으로써 이 사태는 종결되었는데, 마지막 공격을 한 쪽이 대통령이니 국회가 좀더 화가 나야 정상이지만, 오히려 대통령이 펄펄 뛰며 화를 내고 있다. 유승민 원내대표는 90도로 허리를 구부려 사과했지만 쫓겨나게 생겼으니, 이건 누가 봐도 대통령의 압승이다.

대통령은 국민도 두려워하지 않았다. 6월 한 달간 우리나라를 공포로 몰아넣은 메르스로 인해 자영업자들은 장사가 안돼 울상이었고, 외국 관광객은 발길을 끊었으며, 환자들은 아파도 병원에 가지 않았다. 10조 원의 손실을 냈다는 이 사태의 책임은 초기 대응을 잘하지 못한 정부에 있으니, 여기에 대해서 정부 수반인 대통령이 사과해야 했다. 하지만 정작 사과한 분은 황교안 총리였는데, 총리가 된 지 하루 만에 무슨 잘못이 있다고 사과했는지 의아하다. 반면 대통령은 아직도 사과를 안 하고 버티고 있는데, 이대로 간다면 국민에게 값진 승리를 거두게 된다.

메르스 이전 우리나라를 뜨겁게 달궜던 것은 성완종 전 경남기업 회장에게 여권 실세들이 돈을 받았다는 소위 '성완종 리스트'였다. 당사자들은 돈을 받지 않았다고 부인했지만, 그들의 변명은 하나둘씩 거짓말로 드러났다. 사정이 이렇다면 검찰이 리스트에 연루된 이들을 조사하는 게 당연할 텐데, 대통령의 인식은 국민들의 허를 찔렀다. 성완종 전 회장에게 돈을 받은 정치인들이 나쁜 게 아니라, 감옥에 있는 성완종 전 회장을 사면해준 노무현 전 대통령이 나쁘다는 것이다. 이런 식이면 성완종 전 회장을 세상에 태어나게 한 부모에게 책임을 물을 수도 있을 것 같은데, 정말 신기하게도 검찰은 성완종 전 회장이 어떻게 사면이 되었는지를 조사하기 시작한다.

결국 검찰은 노무현 전 대통령의 형인 노건평이 뇌물을 받고 사면을 해주었음을 밝혀내는 성과를 거두었고, 대통령과 친하지 않은 '비박' 정치인 2명에 대해서만 기소하고 나머지는 무혐의로 처리함으로써 기대를 저버리지 않는다. 사법부도 엄연히 삼권분립의 주체건만, 사법부는 대통령을 견제할 생각은 오래전에 포기한 듯하니 여기서도 대통령이 가볍게 1승을 챙겼다고 해도 과언이 아니다.

세월호가 침몰한 뒤 진도실내체육관을 찾은 대통령은 한 방울의 눈물도 흘리지 않았다. 나는 천안에 마련된 분향소에만 가도 눈물이 나던데, 유족들이 오열하는 현장에 가서도 울지 않은 것은 정말 대단하다고밖에 말할 수 없다. 그 이후에도 대통령은 국회 앞에서 기다리는 유족들과 눈도 마주치지 않는 등 기싸움에서 전혀 밀리지 않았으니, 유족들에게도 1승을 거둔 셈이다.

이쯤 되면 대통령을 '승리의 보증수표', '천부적인 싸움꾼'으로 불러도 무방할 듯싶은데, 그러고 보니 박근혜 대통령이 왜 노무현 전 대통령을 한심하게 보았는지 이해할 법하다. 노무현 전 대통령은 걸핏하면 눈물을 보이고, 평검사들과 대화를 시도한 데다 국민들한테 미안하다고 뻔질나게 사과하는 그런 대통령이었으니까. 승률 100퍼센트인 박근혜 대통령이 앞으로도 계속 연승 신화를 써내려갈지 지켜볼 일이다. (2015. 7. 8.)

/

먹튀
대통령

"추신수 때문에 졌다." 미국 야구
팀 텍사스의 제프 배니스터 감독은 경기가 역전패로 끝나자
기자들을 불러 추신수가 패배의 원인이라고 떠들었다. 4대
2로 리드하던 8회, 추신수가 자기 앞으로 날아온 타구를 쓸
데없이 3루로 송구하는 바람에 동점의 빌미를 만들어주었
다는 것이다. 추신수의 플레이가 그리 현명한 것은 아니었
지만, 그것 때문에 졌다는 말엔 수긍하기 어려웠다. 뜻밖의
질책에 추신수는 화가 났고, "그렇게 잘하면 감독이 직접 글
러브를 끼고 하라"고 반박하기도 했다. 감독은 도대체 왜 그
랬을까?

추측을 하자면 이렇다. 배니스터는 2015년 텍사스 감독으로 부임한 초짜 감독이다. 팀을 잘 이끌어 좋은 성적을 거두려는 마음이 강할 수밖에 없다. 그런데 그 중심에 서야 할 추신수가 너무 못한다. 4월 한 달간 타율은 1할이 채 안 되었고, 시즌의 절반을 향해가는 지금도 2할3푼대에 머물러 있다. 그렇다고 수비가 좋은 것도 아니고, 도루는 한 개도 없다. 도대체 이런 선수를 왜 연평균 200억 원가량을 주며 데리고 왔는지 이해할 수 없다.

감독의 질책은 그동안 쌓인 불만이 엉뚱한 곳에서 터진 것이라 볼 수 있다. 다행히 감독과는 화해를 했지만, 추신수는 요즘 위기다. 2014년의 부진은 부상 핑계를 댈 수 있지만, 올해마저 못한다면 변명의 여지가 없으니 말이다. 더 큰 문제는 그가 서른 중반에 접어들고 있다는 점이다. 7년 계약중 첫 2년을 이렇게 망친다면 내년, 내후년의 성적은 더 암담하지 않겠는가? 당연한 이야기지만 텍사스 팬들도 추신수에게 별로 호의적이지 않다. 발 빠르고 선구안도 좋은 데다 홈런도 많이 치는 선수인 줄 알았는데, 그게 아니라는 것이다. 현지 언론에서는 심심치 않게 '먹튀' 이야기가 나온다.

'먹고 튀었다'의 줄임말인 먹튀는 많은 돈을 받고 입단한 선수가 기대에 미치지 못할 때 그 선수를 일컫는 말이다. 그

렇다고 먹튀가 꼭 스포츠에만 국한되는 개념은 아니다. 대
통령을 예로 들어보자. 대통령의 연봉은 2억 원가량 된다.
수많은 비서를 거느리고, 안전을 위해 경호원을 둔다. 차는
방탄이 되는 에쿠스리무진으로, 가격은 20억 원이다. 필요
할 때 언제든 이용할 수 있는 전용기도 있다.

퇴임 후에도 현직 때 월급의 95퍼센트를 받으니 평생 돈
걱정할 일은 없다. 이 모든 것은 물론 국민이 낸 세금으로
지급된다. 다시 말해서 국민은 십시일반으로 세금을 모아
대통령을 5년간 부리며, 이 기간에 대통령이 나라를 잘 이
끌어주기를 기대한다. 이 기대에 부응하면 좋은 대통령이고,
그렇지 못하면 먹튀라고 불러도 무방하다. 그렇다면 최근
초등학교를 방문해 아이들과 사진을 찍느라 여념이 없던 박
근혜 대통령은 어떤 대통령일까?

"나는 헌법을 준수하고 국가를 보위하며 조국의 평화적
통일과 국민의 자유와 복리의 증진 및 민족문화의 창달에
노력하여 대통령으로서의 직책을 성실히 수행할 것을 국민
앞에 엄숙히 선서합니다."

더 객관적인 판단을 위해 취임식 때 대통령이 했던 선서
를 가져와 보았다. 이 선서만 잘 지켜도 훌륭한 대통령일 테
니까. 우선, 대통령은 헌법을 준수하고 있는가? 대통령은 대

선에 개입해 헌법을 유린한 국정원에 셀프개혁을 지시함으로써 사실상 면죄부를 주었다. 대통령이 헌법을 준수하는 것처럼 보일 때는 국회법 개정안을 놓고 국회와 싸울 때뿐이다.

둘째, 대통령은 평화통일을 위해 노력하고 있는가? 현 정부는 출범 이후 북한과 대화 자체를 안 하고 있다. 신년 기자회견에서 "통일은 대박이다"라고 말한 것이 대통령이 한 노력의 전부다. 국민의 자유와 복리증진은 어떤가? 카카오톡을 검열해 기존 사용자들로 하여금 텔레그램으로 옮겨갈 자유를 선사한 건 긍정적이지만, 국민의 안전을 지키는 의무는 빵점에 가깝다. 세월호 침몰 사고 시 컨트롤타워 역할을 제대로 못함으로써 인명 피해를 키웠으며, 메르스 사태도 초기 대응을 잘못해 아플 때 병원도 못 가게 만들어놓았다. 마스크 쓴 사람들이 거리를 뒤덮게 한 게 민족문화 창달을 위한 것인지는 모르겠지만, 취임식 선서의 대부분을 지키지 않고 있는 건 확실하다.

박근혜 대통령은 지금 위기다. 집권 1년차 때야 초반이니 그럴 수 있다 쳐도, 2014년과 2015년의 거듭된 실정은 변명의 여지가 없으니 말이다. 더 큰 문제는 이제 대통령의 임기가 반밖에 남지 않았다는 것이다. 서슬 퍼런 집권 초기에도 나라를 잘 이끌지 못했는데, 레임덕이 오는 내년, 내후년의 모습은 더 암담하지 않겠는가?

당연한 이야기지만 박근혜 대통령을 찍은 분들도 지지를 철회해, 철옹성 같던 지지율은 30퍼센트대로 떨어졌다. 원칙과 신뢰를 강조해 믿고 찍었는데, 그게 아니라는 거다. 그래서 말씀드린다. "대통령님, 계속 이런 식으로 하시면 먹튀, 그것도 역대급 먹튀가 되십니다." (2015. 6. 24.)

/

대통령의
눈물

어릴 적, 억울한 일이 있을 때마다 내가 보였던 반응은 눈물을 흘리는 것이었다. 그 습관은 꽤 오랫동안 이어졌다. 기생충학과에서 조교를 하던 20대의 어느 날, 교수님은 실습이 끝난 뒤 남은 기생충들을 모두 모아오라고 하셨다. 나는 각 실습실을 돌면서 접시에 꿈틀거리는 하얀색 벌레들을 모두 담아 교수님에게 보여드렸다. "이게 뭐야? 다 모아오라고 했는데 이것밖에 안 돼?" 접시를 본 교수님은 불같이 화를 내셨다. "한 마리도 빼놓지 않고 모은 건데요." 내 말에 교수님은 더 화를 내셨다. "내가 실습실 한 군데에서 본 것도 이것보다 많아!"

그러면서 내가 귀찮아서 버린 것처럼 말씀을 하셨다. 기생
충은 원래 나누어져 있으면 많아 보이지만, 모아놓으면 얼
마 안 돼 보이기 마련이다. 야단을 듣고 있자니 억울함이 폭
풍처럼 밀려왔고, 곧 내 눈에선 눈물이 났다. 나중에 계단에
쪼그리고 앉아 30분가량을 더 울었던 것 같다. 누구나 자기
기준으로 세상을 보기 마련인지라, 나는 누군가가 울면서
말을 하면 그게 진실일 거라고 믿게 되었다. 눈물을 흘리면
서도 거짓말을 하는 사람들을 만난 적이 없는 것은 아니지
만, 나는 눈물이 진실일 확률이 그렇지 않을 확률보다 높다
고 믿었다. 심지어 2014년 6월 지방선거 때 "국민이 미개하
다"는 아들의 발언 때문에 사과를 하던 정몽준의 눈물도 나
는 진심이라고 믿었다. 하기야, 아들로 인해 자신이 떨어지
게 생겼는데 얼마나 억울하겠는가?

이랬던 나로 하여금 눈물을 믿지 않게 해주신 분은 박근
혜 대통령이었다. 다들 알다시피 세월호 참사 후 한 달여가
지난 5월 19일, 대통령은 눈물을 흘리면서 다음과 같은 말
씀을 하셨다. "모든 진상을 낱낱이 밝혀내고 엄정하게 처벌
할 것입니다. 그리고 여야와 민간이 참여하는 진상조사위원
회를 포함한 특별법을 만들 것도 제안합니다."

대통령의 눈물에 많은 이가 감동했고, 나 역시 그랬다. 하

지만 그 뒤의 상황은 우리가 아는 바대로다. 대국민 담화 이후 대통령은 세월호 유족들을 철저히 피했다. 세월호 특별법 제정을 촉구하며 단식을 하던 유가족인 김영오의 면담 요청을 거절했고, 대통령의 국회 연설 때 잠깐이라도 대통령을 만나기 위해 국회 옆에서 노숙을 한 유족들에게 눈길 한 번 주지 않았다. 대통령이 지나갈 때 유족들이 "살려주세요"라고 절규했음에도 말이다. 그 결과 세월호가 왜 침몰했는지, 구조 작업은 왜 이루어지지 않았는지, 그 진상은 아직 밝혀지지 않았다. 진상규명을 위한 특별법이 어렵사리 통과되었지만, 정부와 여당은 특별조사위원회 활동을 오히려 방해하는 모습을 보이고 있다.

그렇다면 책임자 처벌은 되었을까? 당시 구조 작업을 총괄했어야 할 유정복 안전행정부 장관이 인천시장 후보로 공천을 받고 당선되는 등 책임 있는 자리에 있던 이 중 처벌된 이는 없다시피 하다. 궁금해진다. 대통령이 흘렸던 눈물은 진짜였을까? 혹시 눈에서 땀이 났다든지, 콧물이 역류해 눈으로 간 것이 아닐까? 아니면 좌파들의 주장처럼 50초간 눈을 깜빡이지 않아서 눈물이 난 것일까? 이유가 무엇이든 나는 그 이후 눈물을 흘리는 사람을 보면 덜컥 의심부터 한다.

"나는 수영을 하기 때문에 건조한 피부여서 얼굴이 붉은 상태였다. 그래서 병원을 가게 됐다. 피부 관리를 받음과 동시에 비타민에 대한 처방을 의사 선생님이 해줬다." 2월 27일, 올림픽에서 금메달을 딴 수영 영웅 박태환이 기자회견을 하며 눈물을 흘렸다. 현재까지 알려진 바에 따르면 박태환 선수는 노화방지 전문병원을 찾아 근육강화제로 쓰이는 테스토스테론 제제를 주사로 맞았다.

그 과정에서 자신은 의사에게 주사가 문제없느냐고 몇 번이나 물었으며, 도핑에 걸릴 줄은 꿈에도 몰랐다고 했다. 과거의 나였다면 고의성이 없었다는 박태환의 말을 믿었을 것이다. 수영에서 이룰 것을 다 이룬 마당에 또 무슨 영화를 보겠다고 남성호르몬 제제를 투여한단 말인가? 어쩌면 나는 괜한 주사를 놔줌으로써 박태환의 올림픽 출전을 막을 뻔한 의사를 원망했을지도 모른다.

하지만 대통령 덕분에 단련된 내 마음은 박태환의 모든 말을 의심하고 있었다. 20대 중반의 젊은 선수가 노화방지 병원에 가는 게 의심스러웠고, 처음에는 척추교정을 위해 주사를 맞았다고 했다가 기자회견 때는 '피부 트러블 때문' 이라고 말을 바꾼 것도 이상했다.

또한 내분비내과를 전공한 의사가 테스토스테론이 금지약물인 줄 몰랐다는 것도 말이 안 되거니와, 도핑에 걸릴까봐 평소 감기약조차 먹지 않는다는 박태환이 의사가 놔주는 주사를 성분도 모른 채 맞았다는 건 의심을 해봄직하다. 물론 이렇게 박태환을 의심하는 나 자신이 너무하다 싶기도 하다. 그가 한국 수영사상 최초로 올림픽에서 금메달을 따던 때 기뻐서 깡충깡충 뛰던 내 모습을 떠올리면 덜컥 미안해진다. 태환아, 의심해서 미안하구나. 이게 다 대통령님 때문이란다. (2015. 4. 1.)

/

열역학 제1법칙을
위배한
공약

　　　　　　　인기 웹툰작가 주호민이 그린 『무
한동력』은 대기업 입사를 꿈꾸는 장선재가 입사준비도 할 겸
하숙집에 들어가는 것으로 시작된다. 하숙집 마당에는 괴상
한 기계가 있었다. 철물점을 하는 주인아저씨가 20년 넘게
만들고 있는 거라는데, 크기도 7미터나 되는 데다 모양도 워
낙 복잡해서 무엇을 하는 기계인지 당최 알 수가 없다. 궁금
증을 참을 수 없었던 선재는 어느 날 밤 주인아저씨에게 그
기계에 대해 묻는다. 아저씨의 대답이다.

　"저 기계는 무한동력 영구기관이라고 한다네. 한 번 돌기
시작하면 영원히 도는 엔진이지."

선재가 반문한다.

"그게 가능해요?"

"해보는 거지."

왜 그런 일을 시작했느냐고 하자 주인아저씨가 이렇게 말한다.

"모든 사람이 석유 없이 살 수 있는 세상을 만들고 싶어서."

연료 없이 에너지를 만들어내는 영구기관이 실현된다면 인류는 더는 석유나 석탄 같은 에너지원에 얽매일 필요가 없다. 그러다 보니 영구기관은 오랜 기간 과학자들의 꿈이었고, 레오나르도 다빈치를 포함해 이에 도전했던 과학자가 한둘이 아니었다. 하지만 영구기관은 결정적으로 열역학 제1법칙에 위배된다. 에너지보존법칙이라고도 하는 열역학 제1법칙은 '에너지는 형태가 변할 수 있을 뿐 새로 만들어지지 않는다'라는 내용인데, 외부에서 에너지를 공급받지 않고도 일을 하는 기계는 영원히 에너지를 만들어내는 것과 같으므로, 이 법칙대로라면 영구기관은 존재할 수 없다.

유일하게 성공한 예라면 1765년 만들어진 시계를 들 수 있다. 밤에 기온이 낮아지면 스프링이 수축해 태엽이 감기는 장치 덕에 별다른 에너지 투입 없이 아직까지 가고 있는 건 맞지만, 사실은 태양열이라는 에너지가 외부에서 주입된 것이니 영구기관의 정의에는 들어맞지 않는다. 그래서 프랑스에서는 1775년부터 영구기관과 관련한 특허를 아예 신청할 수 없게 했으며, 미국에선 특허신청과 더불어 작동하는 실물을 제출하도록 했다. 그럼에도 영구기관을 발명했다고 특허청을 찾는 사람이 매년 수십 명에 달한다.

영구기관의 꿈을 가진 과학자들의 시선이 한때 우리나라로 쏠린 적이 있다. 2012년 대선 때 후보로 나선 분께서 '증세 없는 복지'를 공약하고 나섰으니까. 복지를 하려면 돈이 필요하고, 그 돈은 세금이란 형태로 국민들의 호주머니에서 나올 수밖에 없다. 그런데 세금을 올리지 않고 복지를 하겠다니 다들 놀랄 수밖에. 게다가 그분이 하겠다는 공약에는 무상보육, 4대 중증 질환 진료비 전액 부담과 더불어 65세가 넘은 이에게 매달 20만 원을 준다는 기초연금도 포함되어 있었다. 열역학 제1법칙을 정면으로 위배한 이 공약에 대해 질문이 쏟아진 건 당연했다.

"증세 없는 복지가 가능한가요?" 텔레비전 토론에서 야당 후보였던 문재인이 이렇게 물었을 때 그분이 한 대답은 충격이었다. "그래서 제가 대통령이 되겠다는 거 아니에요?" 결국 그분은 제18대 대통령에 당선되었다. 우리나라가 영구기관 발명의 메카로 자리 잡은 건 이때부터였다.

하지만 과학자들의 기대는 그리 오래가지 않았다. 그분은 대통령이 되자마자 국가가 부담하겠다는 4대 중증 질환 진료비에서 '3대 비급여 항목'을 제외했고, 기초연금은 소득 하위 70퍼센트에만 차등지급하는 것으로 바꾸었다. 마지막 남은 무상보육 역시 재원 조달이 어려워 위기에 봉착한 상태다. 할 수 없이 청와대는 불과 취임 5개월 만에 세제개편안을 마련했는데, 이는 세금감면 혜택을 줄임으로써 근로자 400만 명에게 세금을 더 걷겠다는 내용이었다. 이러면서 청와대는 "새로운 세목의 신설이 없으니 증세가 아니다"라고 주장했지만, 이런 말장난에 속을 사람은 많지 않았다. 국민의 반발이 심해지자 정부는 담뱃값을 두 배로 올리고 연말정산 혜택을 줄이는 등 부지런히 돈을 더 걷을 궁리를 하고 있으니, 이건 외부에서 동력을 받으면서 영구기관이라 우기는 꼴이다.

결정적으로 정부는 2013년 8조 5,000억 원의 세수결손을 낸 데 이어 2014년에는 11조 원에 육박하는, 사상 최대의 마이너스를 기록했다. 외부에서 동력을 받는 것도 모자라 받은 동력만큼의 에너지도 내지 못하는 이 기관을 대체 뭐라고 불러야 할까?

2014년 6월, 서울 문래동에 사는 발명가 김 모씨가 40년 간의 노력 끝에 영구기관을 발명했다는 기사가 났다. 지구 의 중력을 역이용했다는데, 설명을 들어도 별반 이해는 가 지 않는다.

그런데 스스로 1경 5,000조 원의 가치가 있다고 주장한 기계를 만든 김 모씨는 에너지 관련 부처를 제쳐놓고 대통 령이 꼭 한 번 와서 확인해줄 것을 촉구했다. 영구기관이란 면에서 자신과 대통령이 통한다고 생각한 모양이지만, 대통 령은 아직 묵묵부답이다.

웹툰 『무한동력』의 말을 빌리면 영구기관을 만든다는 이 들은 열역학의 기초도 모르는 사람이거나, 아니면 영구기관 을 빌미로 돈을 벌려는 사기꾼이란다. 대통령은 과연 어느 쪽일까? 원래는 전자라고 생각했지만, 다음 말을 들어보면 꼭 그런 것만은 아닌 모양이다.

원유철(정책위의장)   대통령께선 한 번도 증세 없는 복지라는 말씀을 직접 하신 적이 없다고 하셨다는 걸 소개합니다.

기자   내 입으로 말한 적 없다고 하신 것?

원유철   네, 직접.

(2015. 2. 20.)

/

대통령의
조건

　　　　　　　　2012년 대선을 앞두고 지인 둘
과 식사를 같이했다. 자연히 대선에 대한 이야기가 나왔는
데, 주된 주제는 박근혜 후보가 당시 이명박 대통령과 비교
해서 어떨 것이냐는 것이었다. 다른 이들은 "더할 것"이라고
했지만, 나는 "그러기엔 이명박이 너무 엄청난 일을 많이 했
다"며 쉴드를 쳤다. 그러자 그들은 말했다. "네가 박근혜 후
보를 잘 몰라서 그러는 거야." 대통령 임기가 1년 반이 지난
지금, 그때 흐지부지된 토론의 결말은 어느 정도 난 것 같다.
지금은 대통령이 된 박근혜 후보는 "이런 대통령을 기다렸
다!"고 외칠 정도로 대통령직에 적합한 분이셨다는 걸 지난

임기 동안 증명해 보였으니까.

첫째, 대통령은 연기자여선 안 된다. 박근혜 대통령이 세월호 참사 현장에 갔을 때, 사람들은 대통령이 유족들을 껴안고 같이 눈물을 흘려주길 바랐을 것이다. 유족들이 보았을 때 그만큼 감동적인 위로가 없을 테니까 말이다. 하지만 사고 다음 날 진도실내체육관을 찾은 대통령은 눈물 한 방울 흘리지 않았다. 여기에 대해 소인배들은 "왜 안 우느냐?"고 수군거렸지만, 내가 보기에 진정한 대통령은 정말 슬플 때 우는 분이어야지, 슬프지도 않은데 억지로 눈물을 짜내는 '연기자'여서는 안 된다.

대통령이 마음만 먹었다면, 그러니까 32초 가량 눈을 깜빡이지 않았다면 그깟 눈물 정도 흘리는 건 일도 아니었을 테고, 그 경우 지지율도 더 올라갈 수 있었지만, 대통령은 내내 당신의 감정에 솔직했고, 시종 의연한 모습을 보인 채 체육관 방문을 마쳤다. 이런 대통령이 나는 참 자랑스럽다.

둘째, 대통령은 호기심 충족보다는 민생을 챙기는 분이셔야 한다. 세월호 참사가 일어나고 난 뒤 유족들은 물론이고 국민들도 왜 그렇게 많은 사람이 죽었는지 궁금해했다. 대통령도 2014년 5월 유족들에게 철저한 진상규명이 가능한 특별법을 약속한 바 있다. 하지만 그 뒤 대통령은 진상규명에는 관심이 없는 분처럼 행동하고 계신다.

여기에 대해 소인배들은 "진상을 규명하겠다는 약속을 지
키라"고 목소리를 높인다. 그들이 알아야 할 것은 세월호 참
사의 진상은 누구보다도 대통령이 가장 알고 싶어한다는 점
이다. 그런데 왜 진상규명에 전혀 관심을 보이지 않는 걸까?
여기서 대통령의 위대함이 드러난다. 대통령은 개인의 호기
심을 억누르는 대신 민생을 챙기려는 거니까.

생각해보라. 대통령이 궁금해한다고 다 조사해버리면 민
생은 대체 누가 챙기겠는가? 그렇다면 유족들에게 약속은
왜 했느냐고 따지겠지만, 개인의 호기심을 접고 묵묵히 민
생을 챙기려는 분한테 할 소리는 아닌 듯하다. 입만 열면 민
생을 외치는 대통령이 전 세계에 과연 몇 분이나 계실 것인
가? 이 사실이 널리 알려진다면 다들 우리나라로 이민 오겠
다고 난리가 아닐 것 같다.

셋째, 대통령은 어느 정도 신비감을 갖고 있어야 한다. 고
인을 비난하는 거라 좀 꺼려지지만, 전전 대통령인 노무현
대통령은 도대체 신비감이라고는 없었다. 투박한 외모에 투
박한 사투리도 그렇지만, 생방송 중 "막가자는 겁니까?"라
는 말을 할 정도로 내용마저 투박했다.

그를 보면서 동네 아저씨를 떠올린 사람은 있었겠지만, 대

통령에게 바랄 만한 권위의식이나 신비감을 느낀 사람은 아마 없었을 것이다. 박근혜 대통령은 신비감 면에서는 전 세계에서 으뜸이라 할 만하다. 일단 말씀이 별로 없으시니 무슨 생각을 하는지 모르겠고, 가끔씩 하시는 말씀도 무슨 생각으로 하시는지 갈피를 잡을 수가 없다. 게다가 아무리 큰일이 있어도 7시간 정도 몸을 숨기는 능력도 갖고 있으니, 이 정도면 신비주의를 화두로 삼는 대통령이라 해도 과언은 아니리라.

노무현 대통령 시절 대통령의 지지도가 30퍼센트를 넘기지 못한 반면, 박근혜 대통령의 지지율이 늘 과반을 넘기는 것은 대통령이 가져야 할 덕목 중 하나가 신비감이라는 것을 잘 보여준다.

넷째, 대통령이 문화를 사랑하는 분이면 좋겠다. 어느 정도 먹고사는 게 해결된 뒤에는 자연스럽게 문화적 욕구가 싹트기 마련이다. 그런데 주위 사람들을 보면 충분히 잘 먹는데도 문화와는 담을 쌓고 지내는 경우가 많다. 대통령은 영화 〈명량〉과 뮤지컬 〈원 데이〉를 관람하면서 진정한 문화인이 어때야 하는지를 몸소 보여주셨다.

소인배들은 "지금이 그럴 때냐?"라고 항변했다. 세월호 특별법 제정 때문에 정국이 시끄럽고, 유족 중 한 분이 단식을 하고 있다는 게 대통령이 문화를 즐기면 안 될 이유란다. 하지만 문화라는 건 원래 시도 때도 없이 즐기는 것이다.

게다가 대통령은 우리나라에서 가장 바쁜 분이며, 언제 어느 때 영화를 보더라도 "지금 이럴 때 영화를!"이라는 비판에 직면하기 마련이다. 어차피 욕먹을 거, 이왕이면 정국이 가장 시끄러울 때 영화를 보는 것이 이순신 장군이 말한 "살려고 하면 죽을 것이오, 죽으려 하면 살 것이다"에 맞는 행동이리라. 여기까지 읽고 나면 박근혜 대통령이 정말 대통령을 위해 태어난, 대통령이 적성인 분이라는 게 이해될 것이다.

이런 분 밑에 있다 보면 우리나라 헌법이 대통령 단임제라는 게 아쉽게 느껴질 텐데, 이런 말을 들으면 대통령은 만면에 미소를 띤 채 이렇게 대답하실 것 같다. "걱정 마라. 짐에게는 아직 3년 반의 임기가 더 남아 있다." (2014. 9. 10.)

/

대통령은
거짓말을
하지 않았다

자기가 늦으면 "차가 막혀서 늦었다"고 둘러대지만, 다른 사람이 그런 핑계를 대면 "그게 말이 되느냐?"고 타박하는 것처럼, 사람들은 자신에 대해서는 관대하지만 타인에게는 엄격한 잣대를 들이댄다. 특히 좌파들이 모여앉아 대통령 욕을 하고 있는 걸 보면 그저 답답해진다. 왜 그들은 대통령을 이해하려고 하지 않고 무조건 욕을 할까? 몸을 사려야 할 연초年初에 이 글을 쓰는 이유는 우리가 뽑은 대통령을 우리가 이해해주어야지 않느냐는 취지다.

첫째, 이해의 첫 번째 걸음-증세. 지난 8월, 정부는 '2013년도 세제개편안'을 발표했다. 봉급생활자의 세금감면 혜택을 줄인 것이 핵심 내용으로, 그대로라면 연봉 4,000~7,000만 원인 사람들은 그로 인해 연간 16만 원을 더 내야 한다. 사람들이 반발하자 놀란 청와대는 원점 재검토로 물러났는데, 희한한 것은 이 개편안에 대해 청와대는 한결같이 "증세가 아니다"라고 주장했다는 점이다. 세금감면 혜택을 줄이든 뭐든 결과적으로 세금을 더 걷는 건 증세라고 할 수 있지만, 청와대는 왜 한결같이 증세가 아니라고 했을까? 여기에 대해 좌파들은 대통령의 꼼수라고 공격했지만, 내가 보기엔 청와대의 말은 진심인 것 같았다. 다만 그분께서 '증세'의 뜻이 뭔지 모를 뿐. 예를 들어 이런 거다.

대통령 나라에 돈이 없어.

각료 세금을 더 걷어야 하는 줄로 아뢰오.

대통령 그렇게 하라고. 단, 증세는 안 돼!

그렇기에 대통령은 후보자 시절부터 "증세 없는 복지"라는, '네모난 동그라미'를 찜쪄먹을 공약을 내걸 수 있었던 거다. 그 비슷한 말로는 "술은 마셨지만 음주운전은 아니다", "엉덩이를 grab했지만 성추행은 아니다" 등이 있겠다.

둘째, 이해의 두 번째 걸음-기초연금. 후보자 시절 대통령
은 모든 노인에게 매달 20만 원을 주겠다는 공약을 내걸었
다. 그 공약을 보고 나 같은 사람은 "20년만 더 늙었다면!"
하고 탄식하기도 했는데, 이럴 수가. 기초연금을 하위 70퍼
센트의 노인에게만 준다는 게 아닌가! 국가재정을 생각해서
나온 고뇌의 결단이라는 점은 십분 이해하지만, 어찌되었건
공약을 안 지킨 것은 틀림없는 사실이다. 그런데 청와대는
한사코 "공약 파기가 아니다"라며 우겼다. 좌파들은 그게 무
슨 궤변이냐며 벌떼같이 들고 일어났지만, 그건 그분에 대
한 이해가 부족한 소치였다. 대통령께서 '파기'라는 단어의
뜻을 잘 모를 수도 있다는 가능성은 왜 생각하지 않는 걸까?
추측건대 이런 대화가 오갔을 것이다.

대통령   노인들한테 20만 원씩 준다고 큰소리 쳐놨는데, 나라에
        돈이 없소. 어쩌면 좋겠소?

각료   소득으로 따져서 하위 70퍼센트만 줍시다. 상위 30퍼
      센트 노인들까지 줄 필요가 있겠어요?

대통령   그렇게 되면 내가 공약을 안 지킨 게 되는 건가?

각료   지당하신 말씀입니다.

대통령   괜찮아요. 공약 파기만 안 하면 돼.

모르는 건 죄가 아니며, 그걸 가지고 '궤변'이라고 하는 것
이야말로 죄다. 진짜 궤변은 "밥값에는 서비스가 포함되어
있는데 서비스가 마음에 안 들면 밥값을 안 내도 된다" 같은
것이니, 이 정도 말이 아니면 궤변 소리는 하지 말자.

셋째, 철도 민영화가 민영화가 아닌 이유. 2013년 연말은
철도 민영화가 이슈였다. 코레일 노조는 정부가 민영화를
한다고 파업을 벌였고, 정부는 "민영화 안 한다는데 왜 난리
냐"며 철도 노동자들을 탄압했다. 오지랖 넓은 좌파들은 여
기에도 끼어들어서 "정부는 민영화를 획책하고 있다!"고 거
품을 물면서, 민영화를 안 한다는 청와대의 말을 거짓으로
몰았다. 하지만 상황이 다음과 같다면, 그래도 청와대를 거
짓말쟁이로 몰 수 있을까?

대통령　코레일에 적자가 너무 많다며? 그게 다 경영을 방만하
　　　　게 해서 그런 거 아니오.

각료　　지당하신 말씀입니다.

대통령　재벌이나 외국 기업에 코레일을 넘겨주고 지네들보고
　　　　경영하게 하면 되잖소. 코레일 팔면 돈도 들어올 테고.

각료　　성은이 망극하옵니다.

대통령　당장 시행해. 단, 민영화는 안 돼!

파업이 장기화되었을 때는 물론이고 신년 기자회견에서
도 그분께서 "민영화를 안 한다는데 왜 믿지를 않느냐?"고
답답해한 것은 쇼가 아니라 진심이었던 거다. 좀 철지난 이
야기긴 하지만 '길 떠나는 홍길동'이 이와 비슷한 내용을 담
고 있다.

홍판서 왜 집을 떠나려고 하느냐?

홍길동 서출이라는 이유로 호부호형呼父呼兄을 하지 못하거늘,
어찌 더 머무르고 싶겠습니까?

홍판서 그래? 그럼 이제부터 호부호형을 허락하니 머물도록 하
여라.

홍길동 그럴 수는 없사옵니다. 호부호형을 하면 뭐 합니까? 아
버지를 아버지라 부르지 못하고 형을 형이라 부르지 못
하는데…….

홍판서 알았다니까. 나를 아버지라 부르고 네 형을 형이라 부
르도록 하라.

홍길동 그럴 수는 없사옵니다. 아버지를 아버지라 부르고 형을
형이라 부르면 뭐 합니까? 호부호형을 못하는데…….
흑흑흑.

넷째, 소통-정의의 차이. 좌파들이 대통령에 대해서 끈질기게 주장하는 것은 '소통을 안 한다'는 것이다. 실제로 대통령은 기자들과 잘 만나려 하지 않고, 자신의 뜻을 전할 때도 다른 사람, 예를 들어 이정현 홍보수석이나 총리를 내세우는 경향이 있다. 원래 국민들은 대통령의 입만 바라보기 마련인데, 말하는 걸 보기가 어려우니 '불통' 논란이 제기될 수밖에. 이에 대해 홍준표 경남도지사는 "대통령이 달변가가 못돼서" 그렇다면서 "불통이라고 생각지 않는다"고 말했다. 그러면서 홍준표 경남도지사는 한 가지 핵심적인 이야기를 덧붙였다. "소통은 국민과 하는 것이지 불법과 하는 것이 아니다." 대통령도 아마 같은 생각이실 텐데, 대통령과 좌파의 차이는 이 '국민'의 정의에서 뚜렷이 드러난다.

좌파가 생각하는 국민은 대한민국 5,000만 인구를 모두 포함하지만, 대통령의 의중에는 민주노총, 전교조, 국정원이 댓글을 달면 안 된다고 생각하는 좌파들, 지난 1년간 대통령을 지지하지 않은 불순분자 등의 종북 세력이 국민의 개념에서 제외되어 있다. 그 종북 세력을 제외한다면 대통령은 국민과 아주 성공적으로 소통하는 중이다. 좌파와 대통령 중 누구 주장이 '국민'의 개념에 더 잘 맞을까? 사전적 정의는 대한민국 국적을 가진 모든 이가 국민일 수 있지만, 우리의 적인 북한의 주장을 일방적으로 추종하는 종북 세력을 국민에 포함시키는 건 상식적으로 문제가 있다. 주변을 둘러보시라. 싸운 뒤 관계가 악화된 사람들과 화기애애하게 지내는 사람이 대체 어디 있는가?

그러니 좌파들은 자신들이 생각하는 국민만 강요할 것이 아니라, 『조선일보』나 어버이연합, 『미디어워치』 같은 중립적 기관에 유권해석을 의뢰한 후 소통 부재에 대해 따지시라. 이렇듯 이해하려고 들면 한없이 좋기만 한 우리 대통령을 좌파들은 욕한다. 우리가 뽑은 대통령을 우리가 사랑해야지, 과테말라 국민들이 사랑하겠는가? 반성하라, 좌파들아! (2014. 1. 10.)

/

대통령
사용
설명서

       이명박 정부 때 소위 좌파들은 5년 내내 탄식만 해댔다. 문제는 그 좌파들이 박근혜 정부 들어서도 똑같은 행동을 하고 있다는 거다. 취임 직후부터 지금까지 박근혜 대통령이 마땅히 해야 할 일을 안 한다면서 "불통"이니 뭐니 탄식만 해오지 않았던가. 이 추세로 보아 임기 내내 "해도 너무했다", "대통령이 이럴 수가 있느냐" 같은 말만 하다 말 것 같은 예감이 든다. 하지만 이명박 전 대통령과 박근혜 대통령 사이엔 결정적인 차이가 있고, 그 차이를 잘 파악해서 대처한다면 남은 4년을 탄식 대신 미소로 보낼 수도 있다.

이명박 대통령은 예측이 어려운 분이셨다. 돈에 대한 사랑이 남달랐으니 돈의 관점에서 본다면 얼추 예측이 가능할 수도 있지만, 거기에 더해 형님과 아들, 영부인 등 친인척에 대한 사랑이 지극한데다 측근들에 대한 의리 또한 대단해서 이 사안에서는 대체 어떤 걸 우선해서 행동할지 미리 아는 게 불가능했다.

공약은 거의 지키지도 않던 분이 갑자기 강바닥을 파겠다고 우기고, 세계 1위 공항인 인천공항을 "선진경영을 배운다"는 명분하에 민영화를 하려고 했으니, 그분의 행동을 예측하는 게 과연 가능하겠는가? 하지만 박근혜 대통령은 예측가능한 분이라는 점에서 이명박 전 대통령과 차이를 보인다. 이분은 국민들, 특히 좌파들이 반대하는 일이라면 무조건 옳다고 믿는다.

주권국가로서는 당연히 가져야 하는 전시작전권을, 그것도 미국에서 가져가라고 하는데도 한사코 안 받겠다고 하는 것은 우리나라가 전시작전권을 갖는 것을 좌파들이 원하기 때문이다. 자신은 "전혀 도움을 받지 않은" 국정원 댓글의 수사를 한사코 방해하는 것도 좌파들이 그걸 원하기 때문이다. 비서실장도 일부러 좌파들이 가장 싫어할, 유신시대의 인물을 뽑았지 않은가?

현 정부가 1년간 한 일이 종북·좌파 때려잡기가 전부였던 것도 그런 견지에서 보면 이해가 갈 거다. 이 점을 이용한다면 의외로 대통령을 좌파들이 원하는 방향으로 이끌 수 있다. 예를 들어 철도 민영화를 보자. 기차라곤 별로 타본 적도 없는 분이 갑자기 철도 민영화를 하는 것도 좌파들이 민영화를 반대하기 때문이다. 그런데 좌파들이 갑자기 민영화를 찬성한다면?

김기춘 대통령 각하, 큰일났습니다.

박근혜 무슨 일이오?

김기춘 전교조, 민주노총, 대한기생충학회 등등의 좌파집단들이 철도 민영화를 찬성하는 쪽으로 입장을 선회했습니다.

박근혜 무엇이? 그렇다면 민영화는 해서는 안 되는 것이로군요! 당장 민영화를 절대 못하도록 법제화하시오.

이런 작전은 다른 일에도 얼마든지 써먹을 수 있다.

김기춘 각하, 큰일났습니다.

박근혜 각하라니, 그냥 공주님이라고 부르시오. 이번엔 또 무슨 일이오?

김기춘   좌파 괴뢰집단들이 국정원 댓글 사건을 여기서 덮자고

주장하고 나섰습니다.

박근혜   무엇이? 필시 무슨 곡절이 있을게요. 혹시 배후를 캐면

자기네들 치부가 드러날까봐 그러는 게 아니겠소?

김기춘   제 생각도 그러합니다.

박근혜   전에 찍어낸 채동욱을 당장 검찰총장으로 복귀시키고,

철저한 수사를 하라고 당부하시오.

이 전략을 잘 활용하면 인사 문제에도 관여할 수 있다.

김기춘   각하, 아니 공주님. 좌파들이 해양수산부 장관을 올해

의 최우수장관으로 뽑았다고 합니다.

박근혜   무엇이? 그럼 해양수산부 장관이 좌파들과 내통한단

말이오?

김기춘   아마도 그런가 봅니다.

박근혜   (책상을 쾅 치며) 안 되겠소. 해양수산부 장관을 당장

해임하시오.

김기춘   이 연말에 갑자기 그러려면 뭔가 사유가 있어야 하옵

니다.

박근혜   사유? 그딴 게 뭐 필요하오? 그래, 청문회 때 삽질했지

않소.

김기춘 (고개를 갸웃거리며) 그 이후에 각하께서 임명을 강행

하셨는데…….

박근혜 지금 따지는 거요? 당신 좌파야?

김기춘 (납작 엎드리며) 각하, 분부대로 하겠습니다.

매우 그럴듯하지 않은가? 말도 안 되는 소리라고 고개만
저을 게 아니라, 한 번 써먹어 보자. 이 작전이 잘 먹힌다면,
의외로 성공한 대통령을 만들 수도 있지 않겠는가? (2014. 1. 8.)

제 3 장

열린 정치와 그 적들

정치는 너무나 중대한 것이라 정치인에게 맡길 수 없다.

— 샤를 드골(Charles De Gaulle, 1890~1970)

/

거짓말 왕을
뽑아보자

　　　　　　　　지난 몇 달간, 이 나라에선 거짓
말의 향연이 펼쳐졌다. 그들의 거짓말에 처음엔 화가 났지만,
어느 정도 시간이 지나자 무감각해졌고, 나중에는 누가 거짓
말을 더 잘하는지 따지고 있는 자신을 발견하게 되었다. 이
글은 그러니까 내가 선정한 거짓말 왕에 대한 보고서다.

　5위는 박근혜 대통령이다. 거짓말의 포문을 연 것은 박근
혜 대통령이었다. 이분은 세 차례 간담회와 2017년 초의 신
년 기자간담회까지, 총 네 차례나 거짓말 리사이틀을 벌였
다. 심지어 담화 중에 했던 '죄송하다'는 말 역시 거짓말이
었다. 그럼에도 이분의 순위가 낮은 것은 거짓말의 수준이

그리 높지 않기 때문이었다. 진실을 말하긴 쉽다. 자신이 겪은 대로 이야기하면 되니까 말이다. 거짓말은 그렇지 않다. 사실이 아닌 말로 다른 이들을 설득하는 것은 결코 쉬운 일이 아니다. 자신의 알리바이는 물론이고 이전에 했던 발언과 아귀가 맞는지 매순간 따지지 않으면 안 되니 말이다. 박근혜 대통령은 거짓말을 하겠다는 의욕은 넘쳤지만, 아쉽게도 역량이 모자랐다. 그의 거짓말을 떠올려보자. 설득과는 무관한, 그냥 우기는 수준에 불과했다. "단 한순간도 사익을 추구하지 않았다"는 식의 말에 속을 사람이 누가 있겠는가?

4위는 우병우 전 민정수석이다. 우병우는 경북 영주가 낳은 천재다. 늘 1등만 독차지했다. 검사장 인사에서 물을 먹기 전까지 승진에서도 늘 동기들 중 선두를 달렸다. 이런 그를 4위에 놓다니, 우병우가 서운해할지도 모르겠다. 물론 청문회에서 우병우는 거의 완벽에 가까웠다. 어느 한 질문에도 머뭇거림이 없이 척척 대답하는 그를 보면서 "역시 천재구나!"라고 감탄한 사람이 많을 것이다. 자신은 최순실을 모르고 장모에게 물었더니 장모도 모르더라는 답변이랄지, 2014년 『세계일보』 보도 이후 정윤회 문건을 수사하지 않은 이유가 검찰 수사에서 허위로 판명났기 때문이라는 답변은 그 백미였다. 하지만 그의 거짓말은 타고난 재능이 아닌,

벼락치기 공부에 의해 이루어진 느낌이었다. 청문회장에서 답변하는 우병우를 보고 있노라니, 예상 질문을 다 뽑고 그에 따라 무수히 연습한 사람의 모습이 그려졌다. 노력은 가상하지만, 노력만으로는 재능을 이길 수 없다는 점에서 그는 4위가 맞다.

3위는 김경숙 전 이화여자대학교 학장이다. 부끄럽게도 나는 청문회 전까지 김경숙의 존재를 전혀 몰랐다. 하지만 청문회 이후 나는 그의 팬이 되었다. 무슨 거짓말을 그렇게 진짜같이 하는지. 김경숙은 시종 당당했고, 국회의원과의 말싸움에서도 한 치도 밀리지 않았다. 장제원 의원이 "답변 듣지 않겠다"고 해도 계속 답변을 하는 패기를 보라! 교육부 감사에서 다른 이가 했던 증언을 들이대도 "사실무근입니다"라는 말을 하는 김경숙의 표정은 거짓말의 달인이 어떤 건지 제대로 보여주었다. 감히 말하건대 이건 타고난 재능이 없었다면 가능하지 않다. 게다가 2017년 특검에 나갈 때 보여준 초췌한 모습은 내가 그의 팬이 된 걸 후회하지 않게 만들어주었다.

2위는 조윤선 문화체육관광부 장관이다. 조윤선의 거짓말은 앞에서 열거한 이들의 차원을 뛰어넘는다. 질문 요지와 무관한 답변으로 질문자로 하여금 뒷목을 잡게 했는데,

심지어 자신이 방금 인정한 이야기를 재차 물어봐도 엉뚱한 답변을 하는 장면은 신기 그 자체였다. 우병우에게마저 "식사하셨습니까?"라는 따뜻한 말을 건넸던 김경진 의원은 결국 이성을 잃고 막말을 해버렸다. "어이 장관! 몰랐어, 알았어?", "언제 어떻게 확인했냐고! 계속 물어보는데 그 답변을 못해?" 조윤선이 블랙리스트를 인정하도록 만든 이용주 의원은 그 답변을 얻기 위해 같은 질문을 17번이나 해야 했는데, 조윤선이 조금만 더 버텼다면 이용주 의원의 생명이 위험했을지도 모른다.

1위는 김기춘 전 비서실장이다. 앞에 열거한 분들도 다 쟁쟁한 분이지만, 그래도 최고는 김기춘이다. 최순실을 아느냐는 질문에 그는 "알지 못합니다. 만난 일도 없습니다. 통화한 일도 없습니다"라고 답했는데, 리듬을 붙여 노래하듯 말하는 게 인상적이었다. 거짓말을 즐긴다는 이야기다. 물론 그는 만사를 모른다고 답했다. 이건 거짓말 하수들의 우기기 전략일 수 있지만, 그의 뛰어난 점은 다른 이들과 달리 자기 자신을 속인다는 점이었다. 간첩 사건을 조작하면서 "인권을 유린하고 고문했다면 제 자신이 이 자리에 있지 않을 것"이라고 말할 때 그는 확신에 차 있었다. 이쯤 되면 거짓말탐지기를 써도 잡아내지 못할 것 같은데, 지난 40년 동안 거짓말을 하다 보니 삶 자체가 그냥 거짓말이 된 것 같았다. 아쉬운 점은 그가 나이가 많아 거짓말을 할 날이 얼마 남지 않았다는 점이다.

다행히 우리에겐 정유라가 있다. 아직까지 보여준 게 많지 않은 유망주이지만, 20대 초반에 벌써 이 세계에 뛰어들었다는 게 강점이다. 유망주에겐 좋은 스승이 필요한 법. 정유라가 귀국한다면 김경숙, 조윤선, 김기춘과 한 방에 수감하자. 일찍부터 이들에게서 배운다면 장차 김기춘을 뛰어넘는 인물로 성장할 수 있을 테니 말이다. (2017. 1. 18.)

/

감수성
정치

몇 년 전 인기리에 방영된 KBS 〈개그콘서트〉의 프로그램 '감수성'은 이렇게 시작된다. "오랑캐가 쳐들어와 남한산성과 북한산성이 모두 함락되고, 남은 것은 하나, 감수성뿐. 그런데 이 감수성의 장수들은 감수성이 풍부했으니."

오랑캐가 쳐들어왔다고 걱정하는 왕에게 신하들은 퇴각만이 유일한 길이라고 한다. 왕이 말한다. "다시 퇴각이란 말을 꺼내면 3대를 멸할 것이다." 그러자 이 말에 옆에 있던 내시가 상처받은 표정으로 입을 연다. "제가 3대가 어딨어요." 다른 신하들도 거든다. "3대를 멸하다니, 그게 사람한테 할 소리야?" 왕은 금방 사과한다. "미안해. 내가 말이 좀 심했어." '감수성'은 이렇듯 왕의 말 한마디 한마디에 상처 받는 신하들의 반응이 웃음을 유발한다.

'감수성'은 그저 개그 프로그램이지만, 우리나라에는 실제로 감수성이 엄청 민감한 집단이 있다. 바로 새누리당 국회의원들로, 왕에 필적하는 권력을 지닌 대통령의 한마디마다 감격해마지 않는다. 남이 써준 원고를 후다닥 읽고, 질의 응답은 받지도 않는 담화에 도대체 무슨 감동이 있다는 것일까? 게다가 그 내용도 자기반성은커녕 특유의 유체이탈화법과 거짓말로 점철되어 있으니 그들의 과잉 반응이 도대체이해되지 않는다.

"내가 이러려고 대통령을 했나 하는 자괴감이 든다"는 유행어를 낳은 2차 대국민 담화를 보자. 대통령 자신도 엄연히 공범임에도 "특정 개인이 이권을 챙기고 여러 위법 행위까지 저질렀다고 하니 너무나 안타깝고 참담한 심정이다"라며 남의 일인 것처럼 말하지 않는가? 1차 대국민 담화 때 했던 "연설문 작성에서 최씨의 도움을 받았고, 보좌진이 완비된 뒤에는 도움을 받지 않았다"는 발언이나 2차 대국민 담화 때 했던 "검찰 조사와 특검 수사를 받겠다"는 약속도 오래지 않아 거짓말임이 드러났다.

그럼에도 새누리당 의원들, 특히 친박 의원들은 담화 때마다 감동의 물결에 휩싸인다. 당 대표인 이정현은 2차 대국민 담화를 보고 펑펑 울었다고 하니, 이 정도면 감수성의 화신이라 할 10대 소녀를 능가한다. 정치인도 어느 정도 감성적인 면이 있어야 하지만, 이렇게 감수성이 풍부해서야 무슨 큰일을 하겠는가?

희한하게도 이들의 감수성은 대통령을 바라볼 때만 발휘된다. 우리뿐 아니라 전 세계가 감동해 마지않는 촛불집회를 보자. 춥디추운 12월에 100만이 넘는 인파가 서울 광화문 광장에 모여 촛불을 드는 것도 감동적이지만, 그들이 집회 내내 보여준 평화에 대한 갈망은 그저 가슴이 뭉클하다. 촛불집회가 행여 폭력시위로 매도될까 두려운 나머지 경찰을 안아주고, 경찰버스에 붙은 스티커를 떼어주고, 시위가 끝난 뒤 남은 쓰레기를 다 치우는 시민들. 2차 대국민 담화를 보며 펑펑 울었을 만큼 감수성이 풍부하다면, 촛불집회를 본 뒤엔 눈물이 강을 이루어야 맞는 게 아닐까?

그럼에도 이정현은 촛불집회에 대해 마뜩찮은 시선을 보내며, 친박의 핵심인 김진태는 "촛불은 바람이 불면 꺼진다"라고 말한다. 촛불에 실린 간절한 민심을 외면한 채 "초 값은 누가 대주는 것이냐?" 같은 음모론을 유포하기 바쁜 이들을 보면 감수성도 이렇게 선택적으로 발휘될 수 있다는 게 신기하다.

이런 국회의원들의 존재는 국회 전체의 권위를 떨어뜨리기 마련이다. 12월 6일 시작된 국정조사에서 우병우와 최순실을 비롯한 국정농단의 핵심 인물들은 국회 출석을 거부하고 있다. 우병우는 출석요구서를 받지 않으려 가출했고, 최순실은 평생 한 번도 걸려본 적 없는 '공항장애'를 이유로 출석을 거부했다. 심지어 유치원 학부모 모임이 있다며 출석하지 않겠다는 사람도 있고, 어떤 이는 자녀가 볼까봐 못 나가겠단다. 어쩌다 나오는 증인들도 모르쇠로 일관하고 있는데, 국회의 권위가 존중받고 있다면 이런 일이 가능하지 않았으리라. 〈개그콘서트〉 '감수성'에서 왕과 신하들은 계속 말꼬리만 물고 늘어지느라 오랑캐와 싸우는 일은 엄두도 내지 못한다. 새누리당 역시 대통령에게 풍부한 감수성을 선보이기만 할뿐 국민의 뜻을 받드는 일은 엄두도 내지 못했다. 작금의 정국 혼란에 새누리당의 책임이 큰 이유다. (2016. 12. 10.)

/

김기춘법을
만들자

2015년 1월, 임신한 아내를 위해
크림빵을 산 뒤 길을 건너던 남자가 뺑소니차에 치여 숨겼
다. 소위 '크림빵 뺑소니 사건'이다. 범인은 도주했다가 수사
망이 좁혀지자 자수했는데, 그는 한사코 "사람을 친 것을 몰
랐다"라고 주장했다. 술에 너무 취해 정신이 없었다는 게 그
의 변명이었다. 사고 직후 그가 골목길에 들어가 한참을 숨
어 있었다든지, 정비소에 가는 대신 직접 부품을 구입해 부
서진 차를 고치려고 한 일 등으로 미루어볼 때 그는 사람
을 쳤다는 걸 알고 있었던 게 분명하다. 그럼에도 그가 시종
'몰랐다'라고 주장한 것은 그편이 뺑소니보다 형량이나 사

회적 비난이 작을 것이라고 착각했기 때문이다.

최순실 의혹이 불거진 지난 한 달여 동안, 우리 국민들이 가장 많이 들은 말은 "몰랐다"이다. 청와대 경호 담당자는 최순실이 출입 기록도 남기지 않고 청와대를 출입하는 것을 몰랐고, 측근을 관리해야 할 우병우 전 민정수석은 그녀가 저지르는 국정농단을 알지 못했다고 당당히 말했다. 김기춘 전 비서실장은 최순실의 청와대 출입은 물론 그녀의 이름조차 들어본 적이 없다고 했다. 그는 이것 말고도 모르는 게 한두 가지가 아니었는데, 그중 세월호 사건 당일 대통령이 7시간 동안 어디서 무엇을 했는지 몰랐다는 건 그가 대통령을 보필해야 하는 비서실장이라는 점에서 황당하기 그지없다.

최순실을 모르는 건 소위 문고리 3인방도 마찬가지였다. 정호성 전 비서관은 최순실에게 대통령 보고 자료를 전달하는 역할을 담당했으면서도 그녀를 모른다고 했고, 이재만 전 비서관 역시 최순실을 만난 기억이 없다고 한 바 있다. 오랫동안 박근혜 대통령을 모셨던 이들이 박근혜 대통령이 죽고 못 사는 최순실을 모르는 게 과연 가능할까 싶지만, 측근들은 하나같이 모른다며 입을 모은다.

이쯤 되면 최순실이 과연 존재하는 사람인지 의심이 간다. 언제든 모습을 감출 수 있고 순간 이동이 가능한 게 아니라면, 어떻게 아무도 그녀를 못 볼 수 있을까? 대통령보다 높은 'VVIP'라 생각했기에 감히 얼굴을 쳐다볼 엄두를 못낸 것일까? 청와대 거주민 중 유일하게 최순실을 아는 박근혜 대통령 역시 그녀가 연설문을 잘 쓰는 것만 파악했을 뿐 내면이 탐욕으로 가득 차 있다는 사실을 알지 못했다는 뉘앙스를 풍긴다. 2016년 11월 4일 2차 대국민 담화 때 "개인적 인연을 믿고 제대로 살피지 못한 탓"이라며 눈물을 흘리던 박근혜 대통령의 모습은 친박의 수장 이정현 의원과 몇몇 박사모의 마음을 촉촉이 적셨다. 그러니까 박근혜 대통령은 기업을 협박해 돈을 뜯어내고, 최순실을 위해 이권을 챙겨주는 그 순간에도 그게 국가를 위한 선의에서 나온 행동이라고 굳게 믿었던 모양이다.

이들은 도대체 왜 이리 모르는 게 많은 것일까? 뺑소니보다 만취 상태를 선택한 크림빵 가해자처럼, 이들은 안다고 시인해서 범죄자가 되는 대신 무능한 공직자로 남는 게 더 좋다고 판단한 것 같다. '무식한 건 죄가 아니다, 다만 부끄러울 뿐이다'라는 말이 있다. 내가 늘 하는 말인데, 앞에서 예로 든 분들은 그 부끄러움을 감당할 뻔뻔함이 있었기에 기꺼이 무능을 택했다.

2016년 9월 말부터 발효된 김영란법(부정청탁 및 금품 등

수수의 금지에 관한 법률)은 공직자가 금품을 받은 경우 대가
성 여부에 상관없이 처벌한다는 취지를 담고 있다. 그간 수
많은 정치인과 공직자가 돈을 받은 뒤 대가성을 부인해 처
벌을 받지 않는 광경을 지겹게 봐왔던 터라, 여론은 이 법을
압도적으로 지지했다. 그런데 뻔히 아는 사실을 몰랐다고
함으로써 혐의를 벗으려는 공직자들은 대가성을 부인하는
공직자보다 덜 나쁜 것일까? 직급이 낮은 분들이야 조금 무
능해도 괜찮겠지만, 높은 직급에 있는 이들의 무능은 사적
으로 금전적 이득을 취하는 것보다 국가적으로 훨씬 더 큰
해악을 끼칠 수 있다. 특히 국정의 최고 책임자인 대통령의
무능은, 지금 우리가 목격하고 있는 것처럼 국가를 파멸로
몰고 갈 수도 있는 중대한 범죄다.

  그래서 나는 국회가 소위 '김기춘법'을 만들어줄 것을 제
안한다. 고위공직자가 자신의 직책상 반드시 알아야 할 사
항을 모른다고 우기면 알고 범죄를 저지른 것보다 훨씬 더
높은 형량을 선고하자는 취지다. 법안을 처음 제안한 내 이
름 대신 '김기춘법'이라 명명한 까닭은 그가 "모른다"는 말
을 단기간에 가장 많이 한, 후안무치한 분이기 때문이다. 김
영란법이 공직사회를 변화시킨 것처럼, 김기춘법도 시행만
된다면 공직자들의 언행을 순식간에 변화시킬 수 있을 것

같다.

"최순실 씨 잘 알죠. 하도 자주 와서 주민등록등본을 아예 청와대로 옮기라고 농담한 적도 있어요."(안종범)

"안 수석은 가만있어요. 최순실 씨를 저만큼 자주 본 사람이 또 어디 있다고 그래요? 매일같이 보고서 갖다준 사람이 바로 납니다."(정호성)

"사실 그날 대통령이 사생활이라고 들어오지 말라고 했는데, 문밖에서 코를 대보니 희미하게 프로포폴 냄새가 나더라고요. 그래서 생각했죠. 아, 대통령께서 사생활을 누리고 계시는구나."(김기춘)

어디까지나 예를 든 것이지만, 상상만 해도 신나지 않은가? 김기춘법이 하루빨리 시행되어야 할 이유다. (2016. 11. 23.)

/

대통령
측근
분류법

최순실도 왔고, 우병우도 왔다.
안종범 수석은 이미 와 있고, 김종 차관은 곧 올 예정이다.
여기서 '온다'는 검찰청 기준으로, 박근혜 대통령의 측근들
이 한자리에 모이는 것은 꽤 오랜만이다. 원래 친밀한 사이
지만 오랫동안 만나지 않고 대포폰으로만 이야기하다 보니
얼굴을 까먹은 듯하고, 심지어 "본 적이 없다"는 이야기까지
나올 지경이란다. 그게 못내 안타까웠는데, 이참에 검찰청에
서 한데 모여 예전의 친밀함을 확인하길 빈다. 이 자리에 미
처 못 오신 박근혜 대통령이 외롭지 않을까 싶지만, 그분에
겐 말 한마디에 죽는 시늉은 너끈히 할 친박들이 건재하니

그래도 견딜 만할 것이다.

뭐든지 분류하려 드는 게 학자의 특징이다. 예컨대 기생충은 크게 눈에 보이는 것과 보이지 않는 것으로 분류하고, 보이는 기생충은 또 지렁이처럼 생긴 것과 납작한 것, 끈처럼 기다란 것으로 분류할 수 있다. 다년간 기생충을 분류해온 사람으로서 한자리에 모인 박근혜 대통령의 측근들을 분류해본다.

첫째, 임숭재형이다. 임숭재任崇載는 연산군 시대의 채홍사採紅使로, 왕을 위해 조선 각지의 미녀를 뽑아 왕에게 갖다 바친 분이다. 얼마나 그 일을 잘했으면 그의 일대기를 다룬 영화(《간신》)까지 만들어졌겠는가? 임숭재의 대단한 점은 여성의 신분을 가리지 않았다는 점으로, 사대부의 딸은 물론이고 유부녀와 천민을 가리지 않고 얼굴만 예쁘면 잡아갔다고 한다. 이는 그 대상을 연예인과 여대생으로만 한정했던 박정희 대통령의 채홍사가 반성할 점이 아닌가 싶다. 임숭재에 비견될 인물이 바로 새누리당 대표 이정현이다. 최순실이 대통령의 연설문을 고쳐주었다는 의혹이 드러나자 "나도 친구에게 연설문 수정을 물어본다"고 한 바 있으며, 그 외에도 박근혜 대통령이 악수惡手를 둘 때마다 말도 안 되는 논리로 그분에게 즐거움을 드린다. 심지어 알맹이가 없어 한숨만 나오는 대통령의 담화문에 눈물까지 흘리고, 최근엔 박근혜 대통령이 피해자라는 망언까지 했다니, '국민의 뜻에 반하여 대통령을 보필하는 자리'인 집권당 대표의 역할을 완벽하게 수행한 셈이다.

둘째, 십상시형이다. 중국 한나라 영제 때 활약했던 환관을 십상시十常侍라 하는데, 이들은 어린 황제인 영제를 주색에 빠지게 한 뒤 자신들이 국정을 농단하며 사적인 이익을 취한다. 이에 격분한 민중들이 곳곳에서 반란을 일으키는데, 『삼국지』의 배경이 된 황건적의 난도 그중 하나다. 여기에 속하는 대표적인 이가 바로 최순실과 안종범, 김종 등의 무리다. 이들은 나이를 제외하면 영제와 흡사한 박근혜 대통령을 'Good(굿)'에 빠지게 한 뒤 자신들이 국정을 농단하며 사적인 이익을 취한다. 이에 격분한 민중들은 곳곳에서 촛불을 들고 거리로 나섰는데, 이들은 불과 4만 명이 그 넓은 광화문 광장을 가득 메우는 기적을 연출한다(2016년 11월 5일에 있었던 촛불집회는 광화문을 꽉 메웠지만, 경찰은 4만 7,000명이라고 발표했다). 십상시는 원소와 조조 등 『삼국지』의 스타들에게 죽임을 당하지만, 최순실 무리들은 검찰의 따뜻한 배려 속에 시종 "모른다"로 일관하고 있다.

셋째, 허수아비형이다. 최순실의 연설문 파동이 불거졌을

때 이원종 비서실장은 어이가 없다는 표정을 지었다. 그가
전문 연기자도 아닌바, 그건 정말 모르는 사람의 표정이었
다. "봉건시대에도 있을 수 없는 얘기"라든지 "정상적인 사
람이라면 믿을 사람이 있겠냐"는 그의 말도 진정성이 있었
다. 박근혜 대통령의 의혹이 사실로 밝혀진 뒤에는 "알았다
면 봉건시대 발언을 했겠느냐"며 되레 성을 내던데, 모르면
처음부터 말을 하지 말지 왜 무작정 부인하고 보는지 모르
겠다. 가만 보면 박근혜 정부의 비서실장은 다 나이가 많았
다. 김기춘, 이원종, 이번에 새로 비서실장이 된 한광옥이 모
두 75세며, 이병기가 69세로 최연소다. 최순실이 청와대에
그렇게 자주 드나들었지만, 이원종은 물론이고 2013년부
터 1년 6개월간 비서실장을 한 김기춘도 최순실을 모른다
고 한 걸 보면 나이 때문에 눈과 귀가 어두워진 건지, 아니
면 기억력이 감퇴해 보았다는 사실 자체를 까먹은 건지 잘
모르겠다. 이러려고 나이 많은 사람들을 뽑았나 하는 자괴
감이 든다.

　이 셋 중 가장 덜 나쁜 사람은 누구일까? 굳이 선택하자면
임숭재일 것 같다. 일이 좀 구려서 그렇지, 임숭재는 어쨌든
자신에게 주어진 임무를 완벽하게 수행했고, 사적인 이익을
취하지도 않았으니 말이다. 임숭재가 병으로 몸져눕자 연산

군은 환관을 보내서 경과를 물었는데, 그때 임숭재는 다음
과 같이 대답하기도 했다.

"죽어도 여한이 없으나, 다만 전하께 미인을 바치지 못하
는 것이 한입니다."

하지만 연산군의 생각은 달랐다. 그는 임숭재에게 다음과
같이 말한다.

"왕이 잘못을 행하려고 할 때, 신하는 목숨을 걸고 간언
해야 하는가? 아니면 제 목숨을 애석히 여겨 순종해야 하는
가? 군의 뜻에 영합하여 그 뒤의 해로움을 생각지 않으니 너
는 간신이고, 또한 아첨으로 주군의 눈을 가려 나라를 말아
먹으니 너는 망국신이다."

이 기준이라면 대통령 측근 중 간신이자 망국신이 아닌
이는 없어 보인다. 어찌겠는가. 대통령의 부덕의 소치인 것
을. (2016. 11. 9.)

/

이정현은
왜
대표가 되었을까?

　　　　　새누리당 이정현 대표는 나름의
소신의 길을 걸어온 정치인이다. 민주정의당 시절 정치에 입
문해 줄곧 보수정당에 몸담은 것도 그렇지만, 호남에 대한
그의 일편단심은 일견 감동적이기까지 하다. 전남 곡성 출신
인 그는 1995년 광주 시의원 선거에 나갔다가 낙선한 것을 시
작으로 낙선 일변도의 길을 걷는다. 일단 2004년 제17대 총
선에서 광주 서구을에 출마해 낙선한다. 제18대 국회에서는
비례대표로 국회의원이 되지만, 제19대 총선에서 또다시 고
배를 마신다. 그러자 사람들은 그에게 남다른 야망이 있는
것 아닌가 의심을 품었다. 민주당으로 부산에서 번번이 낙

선하다가 결국 뜻을 이룬 노무현 전 대통령을 벤치마킹하는
게 아니냐는 것이다.

지역감정 해소라는 명분을 가지고 계속 도전하는 그에게
유권자들은 마음을 열었고, 결국 그는 2014년 7월 30일 치
러진 재보궐 선거에서 당선의 기쁨을 안는다. 새누리당 최
초의 호남 당선자가 된 그는 2016년 제20대 총선에서도 순
천 지역에서 민주당 후보를 여유 있게 누르고 당선된다. 3선
에 불과한 그가 새누리당 대표가 된 것도 호남 출신 당선자
라는 프리미엄이 크게 작용했을 것 같다.

이 정도 경력을 가졌다면 그가 대권에 걸맞은 큰 정치인
으로 성장하리라 예상하는 게 과한 기대는 아니다. 하지만
그에게는 치명적인 꼬리표가 하나 있었으니, 그건 바로 그
가 박근혜 대통령을 추종하는 소위 친박이며, 그것도 강성
이라는 점이었다. 박근혜 대통령이 성군이라면 그가 친박이
란 사실이 그다지 문제될 게 없지만, 안타깝게도 박근혜 대
통령은 국민을 등지기로 작정한 분처럼 행동하고 계시다.
이럴 때 집권당 대표가 해야 할 일은 대통령에게 이제 그만
정신 차리라고 충고하는 것이 아닐까? 설령 그 말로 인해 이
정현 대표가 대표직에서 쫓겨난다고 해도, 이정현 대표는
그 이상의 과실을 얻을 수 있으리라.

이게 허언이 아니라는 것을 보여준 이는 유승민 전 새누리당 원내대표였다. 그는 국회를 무시하는 게 습관이 된 박근혜 대통령에게 맞서 국회의 권위를 지키려다 결국 원내대표직에서 쫓겨난다. 그 후에도 박근혜 대통령은 유권자들에게 '배신자를 반드시 심판해야 한다'며 으름장을 놓았는데, 그의 지역구인 대구에 미치는 박근혜 대통령의 영향력을 고려할 때 그의 정치생명은 끝났다고 해도 과언이 아니었다. 심지어 새누리당에서는 그에게 공천조차 주지 않아, 그는 결국 탈당 후 무소속으로 제20대 총선에 나서야 했다. 결과는 압도적인 당선이었다.

원내대표 찍어내기 파동이 있기 전까지 유승민은 냉정히 말해 대권 후보로 분류되기는 어려웠다. 하지만 박근혜 대통령 버프buff를 받은 뒤 유승민은 대권 주자 지지도에서 2016년 4월 기준 17.6퍼센트로 여권 내 1위에 오른다. 그 뒤 반기문 돌풍에 휩쓸려 7월에는 6.7퍼센트로 지지율이 하락했지만, 최근 강연에서 5·16을 쿠데타로 못 박는 팩트 폭력을 자행하면서 박근혜 대통령과 대립각을 세우고 있어 귀추가 주목된다. 엊그제 나를 태운 택시기사 아저씨는 "여권에서 유승민이 나오면 야당이 어렵다"며 그의 폭발력을 두려워했다.

박근혜 대통령 버프를 받은 분은 유승민만은 아니다. 성남 시장 이재명은 아이를 낳으면 1인당 25만 원씩 상품권을 지급하고, 학생들에게 공짜로 밥을 먹였으며, 심지어 취업이 안 된 청년들에게 청년배당이란 명목으로 돈을 지급하기까지 했다. 문제는 이런 일련의 복지 정책을 세금을 더 거두지 않고 했다는 것이다. 여기에 대해 특허만 가지고 있던 박근혜 대통령은 이재명 시장에게 불같이 화를 냈고, 그가 더는 시민들에게 복지를 베풀지 못하도록 그의 돈줄을 묶는다.

참다못한 이재명 시장은 광화문에서 단식을 하는 등 물러서지 않겠다는 의지를 보였는데, 결국 그는 11일 만에 단식을 중단했지만, 그 과실은 적지 않았다. 그 이전까지 그의 명성이 성남시 인근에만 국한된 반면, 박근혜 대통령 버프를 받은 지금은 전국적 지명도를 갖게 되었으니 말이다. 2015년 1퍼센트 남짓에 불과했던 그의 지지율은 계속 올라가 2016년 10월 기준 5.2퍼센트가 되었다. 게다가 그는 우리나라 정치인들의 고질적인 약점이었던 유머 감각까지 갖추고 있어, 선거가 시작되면 지지율이 더 오를 것 같다.

이왕 정치를 시작했으니 이정현 대표도 대권의 꿈을 꾸고 있을 것이다. 그렇다면 국민의 반대편에 서 계신 대통령과 대립각을 세워 그분의 버프를 받아야 하건만, 그가 대표가 된 뒤 한 일은 자신이 박근혜 대통령의 충실한 심복임을 재확인시키는 것들이었다. 우병우 청와대 민정수석의 거취에 대한 의견을 묻자 "박근혜 대통령을 고꾸라지게 하려는 것이라면 사람 잘못 봤다. 대통령은 그럴 사람 아니다"라고 말해 주위를 놀라게 한 바 있고, 농림축산식품부 장관 해임안 통과에 대해 대통령이 화를 내자 기껏 선택한 것은 밥을 굶는 일이었다. 일주일 뒤 단식을 중단한 것 역시 박근혜 대통령의 지시였다니 마리오네트 인형이 따로 없다. 이쯤 되면 호남 지역에서 낙선을 거듭했던 지난 세월이 아까워지는데, 이왕 글을 쓴 김에 이런 질문을 던져본다. "이 난리를 피워가며 집권당 대표가 된 목적이 겨우 박근혜 대통령 졸개 노릇하려고 그런 것인가요?" (2016. 10. 12.)

/

통일부
장관을
구하라

　　　　　　박근혜 정부에는 지금 많은 장관
이 있다. 우리가 그들에게 기대하는 건 평상시 대통령 말씀
을 잘 받아적다가 나라에 안 좋은 일이 생길 때는 책임지고
물러나는 정도였다. 자신이 맡은 일까지 잘하면 금상첨화겠
지만, 연봉이 1억 2,000만 원에 불과한 그들에게 일까지 잘
하는 걸 기대하는 건 그야말로 도둑놈 심보리라.

　하지만 진흙탕 속에서도 꽃은 핀다고, 그런 와중에도 일
을 잘한 장관이 몇 있다. 대통령을 건드리는 자들을 법으로
엄격히 다스려온 법무부 장관, 노동자를 탄압하고 재벌기업
의 이익을 증진시킨 고용노동부 장관, 환경을 빌미로 개발

을 지연시키는 무리들에 맞서 싸워온 환경부 장관 등이 지난 몇 년간 우수장관상을 주고플 만큼 자기 역할을 잘한 분들이다.

하지만 진짜 영웅은 따로 있었다. 바로 홍용표 통일부 장관으로, 이분 역시 박봉을 받으면서도 '통일에 훼방을 놓음으로써 통일 비용을 아끼자'는, 통일부 장관 본연의 임무를 잘 수행해왔다. 그런데 이분이 개성공단에서 북한이 버는 돈이 김정은의 개인금고는 물론이고 핵과 미사일 개발에 들어간다는 것을 알아냈다. 이분의 최근 발언을 보자.

"개성공단 임금 등 현금이 대량 살상 무기에 사용된다는 우려는 있었다. 여러 가지 관련 자료도 정부는 갖고 있다."

"개성공단으로 유입된 돈의 70퍼센트가 당 서기실에 상납되고 이는 핵이나 미사일에 쓰이는 것으로 파악된다."

한 가지가 아니라 여러 가지 자료가 있다고 한 대목이나 정확히 70퍼센트라고 콕 집어 이야기한 점으로 미루어볼 때 이건 괜한 말은 아니다. 게다가 홍용표 장관은 『북한의 미사일 개발 전략』이란 78페이지짜리 책을 펴낼 만큼 북한에 정통한 초전문가였으니, 그 말이 절대 빈말은 아닐 것이다. 이건 추측이지만, 홍용표 장관은 개성공단의 중단을 계속 정부 측에 촉구해왔던 것 같다. 하지만 박근혜 대통령은 테러집단인 북한에 무슨 약점이 잡혔는지 개성공단을 계속 유지하려 했는데, 이번 북한의 로켓 발사는 홍용표 장관의 인내심을 바닥나게 만든 모양이다.

결국 박근혜 대통령은 홍용표 장관의 협박에 밀려 개성 공단을 폐쇄하기 이른다. 저 앞의 말들은 자신의 뜻이 관철된 뒤 기분이 좋아진 홍용표 장관이 "개성공단 중단 비화 공개" 차원으로 한 이야기일 듯싶다. 하지만 문제가 생겼다. 저 발언대로라면 대통령이 유엔 안보리 결의안을 위반한 것이다. 안보리 결의안 2094호는 북한의 핵이나 미사일 개발에 쓰일 우려가 있는 금융거래와 현금 제공은 금지하도록 하고 있는데, 개성공단 돈이 핵개발에 쓰였다는 자료가 여럿 있음에도 공단을 유지한 건 안보리 결의안 위반일 수밖에 없다.

예컨대 윤병세 외교부 장관은 북한 미사일 발사에 대해 "안보리 결의에 대한 정면 위반이자 안보리 권능과 권위에 대한 무시"라고 비판한 바 있는데, 이런 식이면 우리도 북한과 다를 바 없지 않은가? 로켓에만 관심이 있었을 뿐 안보리 결의안엔 무지했던 홍용표 장관은 당황해서 자신의 발언을 무마하기 시작한다. "자금이 들어간 증거자료를 확인할 수 있는 것처럼 와전되었다."

하지만 약점을 잡은 좌파들은 지금 홍용표 장관에게 물러날 것을 요구하고 있는 중인데, 이거야말로 개탄스러운 일이다. 개성공단 중단으로 통일부 장관 본연의 임무를 성공적으로 수행한 이 능력 있는 장관을 안보리 결의안을 몰랐다는 이유로 물러나라고 하는 게 도대체 말이 되는가? 안보리라는 곳이 허구한날 모여앉아 결의만 하고 있는 곳이고, 그 결의란 것의 구속성도 별로 없다. 그런데 다른 일 하기에도 바쁜 통일부 장관이 그 결의안을 모조리 알아야 할 필요가 있을까? 좌파들의 공세에 밀리지 말고 통일부 장관을 구하자. 의인이 대접받는 사회를 이루기 위해서. (2016. 2. 16.)

/

당연한 일에
감동하는
사회

 몸이 아파 병원에 온 사람을 의사
가 진료한다고 해서 감동할 사람은 많지 않을 것이다. 의사
는 환자를 보고 월급을 받으니, 의사가 환자를 진료하는 것
은 지극히 당연하다. 학생이 숙제를 하거나 택시기사가 승
객을 안전하게 모시는 일도 마찬가지다. 이런 일들은 그 자
체로 감동을 주지 못하며, 오히려 이 당연한 일을 제대로 못
했을 때 처벌이 따르기도 한다.

 정의화 국회의장이 감동을 주고 있는 모양이다. 발단은 대
통령의 발언이었다. "국민이 간절히 바라는 일을 제쳐두고
무슨 정치개혁을 한다고 할 수가 있겠나?" "일하고 싶어 하

는 젊은이들이 잃어버린 시간, 인생을 누가 보상할 수 있겠나?" 얼핏 보면 역사교과서 국정화에 올인했던 자신에 대한 반성 같지만, 놀랍게도 이건 국회한테 한 말이었다.

물론 국회가 일을 잘한다고 할 사람은 많지 않겠지만, 대통령과 비교하면 우열을 가리기가 쉽지 않은 데다, 국회가 이렇게 된 건 대통령에게도 책임이 있다. 유승민 원내대표를 찍어낸 것에서 보듯 자신의 말을 듣지 않으면 쫓아내 버리는데, 국회가 소신껏 일할 수나 있을까? 대통령이 통과시키라고 강조한 소위 노동개혁 법안이 비정규직 허용 기간을 2년에서 4년으로 늘리고, 파견근로자가 허용되는 업종을 확대하는 등의 내용을 담고 있어 젊은이들이 별반 좋아할 것 같지 않지만, 대통령이 간만에 민생에 관심을 두기 시작한 건 바람직한 일이다.

문제는 국회선진화법이었다. 2012년 5월 국회를 통과한 국회선진화법은 법안 통과에 의석 과반이 아니라 60퍼센트 이상의 동의를 얻도록 기준을 강화한 법안이다. 2012년 총선에서 새누리당이 과반수를 얻지 못할 경우 야당의 독주를 막기 위해 만들었는데, 그 법안을 통과시키기로 결정한 건 당시 비대위원장이던 박근혜 대통령이었다. 현재 새누리당 의석수는 157석으로 53.4퍼센트에 불과하니, 대통령이 국회, 특히 야당을 욕하고 있는 것이다.

방법이 없는 건 아니다. 국회의장이 직권으로 법안을 본회의에 상정해 처리하는 '직권상정'이란 게 있다. 대통령의 명이 떨어지자 삼권분립 같은 건 예전에 갖다버린 새누리당 국회의원들은 국회의장실로 달려가 정의화 의장을 협박한다. 여야 합의가 안 되고 있는 노동개혁 법안과 경제살리기 법안을 직권상정해달라고 말이다. 새누리당으로서는 의장이 자기 당 출신인 만큼 설마 거절하랴 싶었을 테지만, 정의화 의장은 뜻밖의 말을 한다. "직권상정은 국가비상사태에나 가능하다고 국회법에 돼 있는데, 지금 경제상황을 그렇게 볼 수 있겠느냐?" 그는 자신에 대한 비난에 불쾌한 감정도 드러냈다. "국회선진화법에 찬성해놓고 (그 법에 반대했던) 나한테 이럴 수 있느냐, 이럴 시간 있으면 차라리 야당을 설득하라."

'국회를 대표하고 의사를 정리하며 질서를 유지하고 사무를 감독하는 기관.' 국회의장의 사전적 정의다. 그렇다면 청와대의 외압에 굴하지 않고 국회의 명예를 지키는 것은 국회의장이 해야 할 당연한 의무다. 그럼에도 정의화 의장의 행동이 감동을 주는 것은 그간 우리 사회 요직에 있던 분들이 당연히 해야 할 일을 하지 않아왔기 때문이다. 환경을

우선적으로 생각해야 할 환경부는 4대강을 반대하기는커
녕 대대적인 홍보 활동에 나섰고, 간첩을 잡아야 할 국정원
은 대선 때 박근혜 후보를 지지하는 댓글을 달았다. 군통수
권을 가진 대통령은 당연히 해야 할 전시작전권 환수를 무
기한 연기했다. 검찰은 대통령에게 누가 되는 보도를 했다
는 이유로 일본 기자를 무리하게 기소했다가 망신을 당했
다. 해경은 배가 침몰하자 아이들 대신 선장과 선원들만 구
했다. 이번에도 그렇다. 'IMF 사태'를 거론하며 경제위기가
다시 올 수 있다는 새누리당의 주장에 경제부처 장관은 침
묵으로 일관하고 있는데, 경제가 말 몇 마디로 요동칠 수 있
다는 점에서 이건 명백한 직무유기다. 이런 와중에 국회의
장이 대통령에 맞서 자신의 소신을 굽히지 않으니 사람들이
열광할 수밖에 없다.

물론 정의화 의장의 앞날이 그리 평탄할 것 같지는 않다.
애국단체들은 벌써부터 정의화 의장 규탄 집회를 열고 있
고, 새누리당 의원들도 '국회의장 해임건의안'을 제기하는
중이다. 더 두려운 분은 바로 박근혜 대통령으로, 역대 대통
령 중 '마음에 안 드는 사람 찍어내기'와 '뒤끝 작렬' 부문에
서 타의 추종을 불허하는 1위 자리에 올라 있어서다. 국정원
댓글 사건을 열심히 수사한다는 이유로 검찰총장을 찍어낼

때는 '혼외자식 의혹'이란 방법을 썼고, 여당 원내대표 본연
의 임무에 충실했던 유승민을 찍어낼 때는 그를 배신자로
몰면서 다음 선거에서 떨어뜨려 달라고 윽박질렀는데, 이번
에는 어떤 방법을 쓸지 살짝 궁금하기도 하다. 정의화, 그가
어떻게 되든 그의 이름은 기억해놓자. 어쩌면 그가 이 정부
에서 '해야 마땅한 일을 한 마지막 인물'일지도 모르니 말이
다. (2015. 12. 23.)

/

배후는
검찰

제17대 대선을 앞둔 2007년 12월
13일, 당시 한나라당 클린정치위원장 홍준표는 편지 한 통
을 공개했다. "나의 동지 경준에게……. 자네가 큰 집하고
어떤 약속을 했건 우리만 이용당하는 것이니 신중하게 판단
하길 바라네."

홍준표에 따르면 이 편지는 김경준과 같이 수감생활을 한
신경화가 김경준에게 보낸 것으로, 김경준이 우리나라에 온
이유가 노무현 대통령의 요청에 의한 것임을 암시하고 있었
다. BBK 대표였던 김경준은 주가조작으로 미국으로 도망간
상태였는데, 대선을 앞두고 그가 귀국한 것은 BBK를 자신

이 설립한 것처럼 이야기하고 다녔던 이명박 후보에게 불리

하지만 신경화의 편지가 공개되면서

이 설립한 것처럼 이야기하고 다녔던 이명박 후보에게 불리하게 작용할 수 있었다. 하지만 신경화의 편지가 공개되면서 상황이 달라졌고, 결국 이명박 후보는 대통령에 당선된다.

그로부터 4년 뒤, 신경화의 동생이 "그 편지는 이명박 씨 가족과 측근의 부탁으로 내가 날조한 것"이라고 폭로하고, 옥중에 있던 김경준은 가짜편지 작성자들을 고소하기에 이른다. 2015년 7월, 재판부는 "가짜편지로 인해 김경준이 정신적 고통을 입었다"면서 가담자들에게 1,500만 원을 지급하라고 판결했다. 이쯤 되면 가짜편지를 쓰게 한 배후가 누구인지 궁금해지는데, 검찰의 결론은 "배후는 없다"였다. 홍준표를 비롯해 편지의 유통에 관여된 사람들은 편지가 조작된 사실을 전혀 몰랐기 때문에 배후가 될 수 없다는 게 검찰의 말이다. 그 말대로라면 홍준표는 누가 썼는지도 모르는 편지를 대선의 판세를 뒤흔드는 결정적 증거인 양 기자들 앞에서 흔들었다는 뜻이 된다. 그렇다면 가담자들은 왜 그런 위험한 일을 벌였을까? 대선에서 공을 세워 좋은 자리를 얻기 위한 목적이었다는 게 검찰의 친절한 설명이다.

대부분의 사람들은 뭔가 보장을 받고 난 뒤에야 위험한 일에 뛰어든다. "이번 일만 잘되면 국정원은 자네 거네!" 정도의 약속은 있어야 불법적인 일을 한다는 이야기다. 그런

데 가짜편지 작성의 가담자들은 위에서 아무런 언질도 없이 위험천만한 일을 했다니, 일반적인 상식으로는 이해가 가지 않는다. 하지만 이런 상황을 쉽게 수긍하는 분들이 있는데, 그게 바로 검찰이다.

그들은 어려서부터 공부를 잘했으며, 그 어렵다는 사법시험도 우수한 성적으로 통과한 엘리트다. 별다른 고비 없이 승승장구하다 보면 세상이 따뜻한 곳이라고 생각하기 마련이다. 검찰은 다른 사람들의 말을 너무 잘 믿는 집단이 되었다. 다른 면에서는 뛰어날지언정 배후를 밝히는 일은 검찰에 거의 불가능한 미션이 된 것도 그 때문이다. "나는 몰랐다"고만 하면 더는 그를 의심하지 않고 수사를 종결해버리고, "배후는 없다"는 식의, 자신들 이외에는 아무도 믿지 않을 수사 결과를 발표하는 일이 검찰의 상징으로 자리 잡았다.

그 결과 우리나라의 굵직한 사건들은 대부분 배후가 없다. 2012년 선거 직전 대인배 김무성 의원이 비공개가 원칙인 남북 정상 간의 회의록을 피 토하듯 읽었지만, 회의록 유출 여부를 수사한 검찰의 결론은 '무혐의'였다. 검찰에 출석한 김무성 의원이 "대화록을 본 일이 없다"고 했으니, 순진무구한 검찰로서는 그 말을 믿을 수밖에. 국정원 댓글 사건을 소신껏 수사하던 채동욱 검찰총장은 느닷없이 혼외자식 의혹이 불거지면서 총장 자리에서 쫓겨났다. 이 과정에서 청와대 민정수석실과 교육문화수석실, 고용복지수석실 등에서 채동욱 총장의 아들과 그의 어머니 임씨에 대한 정보를 열람했다는 사실이 드러났다.

도대체 누가 이런 일을 지시했는지 의혹이 집중되었지만, 검찰의 조사결과 이것들은 모두 개인적 일탈일 뿐 배후가 존재하지 않았다. 이 과정에서 검찰은 청와대 관계자들이 업무에 바쁠 것을 고려해 서면조사를 하는 세심함을 보였다니, 이 세상이 살 만한 곳인 이유는 이런 분들이 있기 때문일지도 모르겠다.

최근 국정원이 이탈리아의 해킹업체에서 해킹 프로그램을 주문한 것이 밝혀져 파장이 일고 있다. 국정원은 북한 공작원을 해킹하기 위해 그랬다고 하지만, 실제로 그들이 해킹하려던 것은 카카오톡이었다. 물론 북한 공작원도 카카오톡을 쓸 수 있지만, 그 경우 법원의 압수수색 영장을 받으면 카카오톡 대화 내용을 통째로 들여다볼 수 있으니 굳이 해킹 프로그램이 필요한 것은 아니다. 게다가 국정원이 대선 직전 등 매우 민감한 시기에 프로그램을 구입했고, 국정원의 핵심 파트인 대북심리전단팀이 주로 했던 일도 야당 후보를 욕하는 것이었다는 점을 감안하면, 국정원의 주장을

액면 그대로 믿기는 힘들다. 하지만 우리는 안다. 모두가 아
니라고 해도 검찰만은 국정원의 주장을 믿을 것임을. 이 사
건을 검찰이 수사하게 된다면 이번 사건 역시 국정원 말단
직원 몇 명의 개인적 일탈로 마무리될 확률이 높다.

남의 말을 잘 믿지 않고 매사를 음모론적 시각으로만 바
라보다 보면 사회가 혼탁해진다. 그러니 순진무구하기 짝이
없는 우리 검찰은 사회를 맑게 만드는 소중한 존재일 수 있
다. 하지만 어쩌다 한 번씩이라도 검찰이 속시원하게 배후
를 밝혀주었으면 좋겠다. 매번 반복되는 개인적 일탈이란
결론이, 이젠 좀 지겹다. (2015. 7. 22.)

/

황교안 총리를
지지하는
이유

지난 한 달간 우리나라에는 총리
가 없었다. 이완구 전 총리가 고 성완종 회장에게서 돈을 받
았다는, 소위 '성완종 리스트'에 연루되어 옷을 벗었기 때문
이다. 후임을 결정하는 것도 쉽지 않다. 총리 후보자가 되면
인사청문회라는 만만치 않은 과정을 거쳐야 하니 말이다.
실제로 박근혜 정부 들어서 총리 후보가 된 이들 중 3명이
청문회를 통과하지 못한 채 낙마했다. 그 바람에 세월호 사
건 이후 사표를 낸 정홍원 총리는 바통을 넘길 사람이 없어
10개월이나 더 현직에 머물러 있어야 했는데, 이번에 새 총
리로 지명된 황교안도 청문회 통과가 쉽지 않아 보인다.

야당에서 황교안 후보가 공안검사 출신이라는 점을 들어 "현 정부가 공안통치에 나서겠다고 노골적으로 선언한 것"이라며 반대하는 데다, 군대를 다녀오지 않았고, 아들한테 3억 원을 편법으로 주었다는 의혹까지 받고 있다. 그럼에도 나는 황교안 지명자가 꼭 총리가 되었으면 좋겠다. 이유는 다음과 같다.

첫째, 황교안 후보는 박근혜 대통령이 내세울 수 있는 몇 안 남은 카드다. 이번 정부 들어서 총리 후보로 지명된 분들이 인사청문회를 통과하지 못하거나, 어렵사리 통과해도 비리로 물러난 이유가 무엇이겠는가? 현 정부의 인사 풀에 있는 분들이 죄다 그런 분이기 때문이다. 물론 우리 국민들은 돈 욕심이 없는 데다 흠잡을 데 없는 과거를 가졌고 그러면서도 일을 잘하는 분이 총리로 오길 바라지만, 아쉽게도 대통령이 아는 분들 중 그런 분은 없다. 한 명이라도 있다면 정홍원 총리 후임으로 진즉 그분을 지명하지 않았겠는가? 냉정히 생각하자. 이런저런 비리가 있다고 황교안을 거부해버리면, 그보다 더한 사람이 온다.

둘째, 사실 황교안은 상대적으로 청렴한 분이다. 이전에 총리로 지명되었던 안대희는 현직에서 물러난 뒤 5개월간 16억 원의 수임료를 받은 게 낙마의 결정적 이유였다. 그런

데 황교안은 1년 6개월간 16억 원을 받았으니, 3.6배 정도
더 청렴하다고 할 수 있다. 편법증여 의혹이 있는 돈도 16억
원 중 3억 원에 불과해 20퍼센트가 채 못 된다. 이 정도면
현 정부에서는 성인의 반열에 들 만하다.

셋째, 도대체 왜 총리만 그렇게 물고 늘어지나? 2007년,
우리는 BBK 의혹이 완전히 해소되지 않은 분을 대통령으로
뽑았다. 그 후 5년간 국토는 파헤쳐지고, 나랏빚은 기하급
수적으로 늘었다. 북한이 우리 땅에 대포를 쏴도 항의 한 번
하지 못했다. 그로부터 5년 뒤, 박근혜 후보가 당선되었고,
오늘에 이르고 있다. 총리와 대통령을 비교하면 후자가 훨
씬 중요할 텐데, 대통령을 대충 뽑는 나라에서 총리한테만
유독 까다롭게 구는 건 도대체 왜일까?

넷째, 황교안은 역사상 가장 오래 심사숙고해 지명한 총리
다. 새 총리 후보를 발표하기 전 청와대는 출입기자들에게 이
렇게 말한 바 있다. "10시 정각에 발표하겠다." 그런데 10시
가 되기 4분 전, 청와대는 아무런 이유를 설명하지 않은 채
돌연 발표를 연기한다고 했다. 황교안이 지명된 사실은 이
미 알려져 있었기에 발표를 미룬다는 것은 '후보자가 달라
진 게 아니냐'는 추측을 낳았지만, 그로부터 20분 뒤 청와대
가 발표한 총리 후보는 알려진 대로 황교안이었다. 즉, 황교

안은 약속된 발표시간을 어겨가며 심사숙고한 최초의 총리다.

다섯째, 황교안은 보기 드문 천재다. 청와대는 황교안 후보자가 "현 정부에서 법무장관을 수행하면서 대통령의 국정철학에 대한 이해가 깊어" 총리에 적임자라고 했다. 본 사람이 거의 없는, 그래서 존재 여부에 대해 논란이 있는 대통령의 국정철학을 이해한다는 것만으로도 황교안은 석학이라 할 수 있다. 이런 분은 진작 총리로 모셨어야지, 대통령 임기가 2년 9개월밖에 남지 않은 지금에야 모시는 건 아쉽기 짝이 없는 일이다.

여섯째, 황교안이 낙마하면 총리 없는 세상을 살아야 할 수도 있다. 앞에서 말한 대로 지난 한 달간 우리나라에는 총리가 없었다. 그 이전 10개월간은 총리직에서 마음이 떠난 사람이 총리직을 수행했다. 그렇다 하더라도 우리 국민들은 전혀 불편함을 느끼지 못했다. 황교안이 이번에 낙마라도 한다면 총리가 없는 기간은 더 길어질 테고, 그 경우 국민들이 정부가 숨기고 싶은 비밀을 알아챌 수 있다. 총리가 하는 일이 없다는 것 말이다. 그 경우 총리라는 자리가 아예 없어질 수도 있다. 총리를 목표로 정치판에 뛰어든 이도 한둘이 아닐 텐데, 그들의 꿈을 꺾을 수야 없지 않은가?

이상과 같은 이유로 나는 황교안 후보자가 정식 총리가 되기를 바란다. 야당에 당부한다. 반대를 위한 반대보다는 황교안의 인사청문회를 하루빨리 통과시켜주시라. 이보다 적합한 총리 후보는 지금까지도 없었고 앞으로도 없을 테니까. (2015. 5. 27.)

아들이겠습니다

/

돈 받은
사람은
없었다

내가 초등학교를 다니던 시절에
는 전 국민 기생충 감염률이 80퍼센트를 넘나들었다. 거리
에서 약을 팔던 약장수들이 구경하던 아이 한 명을 무작위
로 불러내 회충약을 먹이면, 그 아이의 항문에서 회충이 떼
거지로 배출되기도 했다. 같은 반 아이들 중 상당수가 기생
충에 걸려 약을 먹어야 했지만, 나는 초등학교를 다니는 동
안 단 한 번도 양성으로 나온 적이 없었다. 그때는 다행이라
고만 생각했지만, 돌이켜 생각해보니 내겐 장차 기생충학자
가 될 자질이 있었던 모양이다. 고양이 앞에 선 쥐가 도망칠
생각을 못한 채 몸을 떨고 있는 것처럼, 전 국민의 80퍼센트

이상을 삼켰던 기생충도 감히 내게는 들어올 생각을 못했으
니까.

나뿐 아니라 다른 기생충학자들도 기생충에 걸리는 경우가 일반인에 비해 현저히 적은 듯하다. 어쩌다 감염 사례가 나오긴 하지만, 그건 연구 중에 우연히 혹은 일부러 기생충에 감염되는 게 대부분이었다. 톡소포자충 연구의 대가인 남 모 선생님은 톡소포자충이 담긴 주사기에 손을 찔려 감염되었고, 장흡충 연구의 대가인 채 모 선생님은 증상을 알아보기 위해 다른 연구원과 함께 기생충을 일부러 삼켰다. 나 역시 기생충에 걸려보려고 별의별 수를 다 썼지만, 아직까지 감염된 적은 없다.

만우절이던 4월 1일, 무슨 거짓말을 할까 머리를 짜내다 '기생충에 걸렸다고 하면 어떨까?'를 떠올린 건 그런 이유였다. 기생충학자가 기생충에 걸렸다니 이 얼마나 웃긴가? 기생충으로 인해 입원했다는 글을 올렸더니 과연 호응이 엄청났다. 문병을 오겠다는 분들이 없었던 건 아니지만, 대부분은 거짓말이라는 걸 알고 재미있어했다. 사람들의 반응을 보면서 이런 생각을 했다. 진짜로 내가 기생충에 걸렸다면, 스타일 구겼을 거라고. 이런 식으로 원숭이가 나무에서 떨어지는 경우는 뭐가 있을까? 몇 가지 경우가 떠오른다.

첫째, 가수 아이유가 노래방 대결에서 음치인 나보다 점수가 덜 나온다. 가수라고 해서 기계가 100점을 주지 않지만, 내게 점수를 더 주는 기계라면 노래방에 있어선 안 된다.

둘째, 비행기도 돌리는 조현아가 택시기사에게 "차 좀 돌리자"고 했다가 거절당하는 것이다. 택시기사가 조현아를 알아본다면 충분히 가능한 스토리다.

셋째, 스컹크가 남이 뀐 방귀에 질식한다. 방귀 냄새가 독하다고 해서 남의 방귀 냄새를 잘 참는다는 보장은 없으니, 이것 역시 가능하다.

넷째, 이명박 전 대통령이 '누가 더 돈을 낭비하는가'를 겨루는 시합에 나가서 예선 탈락한다. 아무리 가정이지만, 이런 일이 있을 성싶지는 않다.

다섯째, 박근혜 대통령이 '모래 속의 진주'라 극찬했던 윤진숙 해양수산부 장관이 '실없이 웃기' 시합에서 1회전 탈락한다. 이것 역시 가능할 것 같진 않다.

여섯째, 이완구 전 총리가 목숨을 담보로 한 치킨게임에서 닭한테 패한다. 물론 일말의 가능성도 없다.

일곱째, 국정원이 악플달기 시합에서 일개 누리꾼에게 진다. 댓글에서는 최고수인 국정원이 그럴 리는 없다.

여덟째, 박근혜 대통령이 묵언 수행에서 스님한테 패한다.

우리나라 스님의 총수가 얼마인지는 모르겠지만, 이 정도의
고수는 찾기 힘들 것 같다.

홍준표 경남도지사는 검사로 재직 중이던 1993년 '슬롯
머신 사건'을 수사하면서 업계 대부인 정 모씨 형제에게서
돈을 받은 정·관계 유력자들을 구속시켰다. 그중에는 6공
황태자로 불리던 박철언 전 장관도 있었다. 검찰 측에 물증
이 없다는 것을 안 박철언 전 장관은 자신이 돈을 받지 않았
다며 배달사고를 주장했지만, 홍준표 지사는 단호했다. 뇌물
사건은 대부분 물증이 없다고 박철언 전 장관의 변명을 일
축했다. 목격자였던 홍 모 여인의 증언은 결정적이었다. 결
국 박철언 전 장관은 유죄판결을 받고 수감되었다. 이 사건
은 스타 방송작가인 송지나에게 영감을 불러일으켰는데, 공
전의 히트를 기록했던 드라마 〈모래시계〉는 바로 이 슬롯머
신 사건을 각색한 것이었다.

그 홍준표 지사가 지금 매우 곤궁한 처지에 놓였다. 한나
라당 대표 경선 때 성완종 전 경남기업 회장에게서 1억 원
을 받았다는 혐의로 검찰에 출두해야 했으니까. 슬롯머신
사건 때 박철언 전 장관이 그랬던 것처럼, 홍준표 지사는 배
달사고를 주장한다. 성완종 전 회장의 자살로 검찰 측에 물
증이 없다는 걸 믿는 탓이지만, 검찰은 단호했다. 1억 원을

직접 전달했다고 알려진 경남기업 윤 전 부사장의 증언도 확보한 터였다.

사태가 점점 불리해지자 홍준표 지사는 급기야 "경선 기탁금 1억 2,000만 원이 집사람의 비자금"이며, 그 돈은 국회 대책비를 가로챈 것이라고 주장하기에 이르렀다. 뇌물보다는 횡령이 낫다는 판단에서 비롯된 것이겠지만, 〈모래시계〉의 스타 검사가 22년 만에 피의자가 되어 검찰에 출두한 건 흡사 원숭이가 나무에서 떨어진 격이다. 이 사건이 또 다른 방송작가에게 영감을 줘서 '모래시계 속편'이 만들어지길 기대해본다. (2015. 5. 13.)

/

모래밭 속
진주,
윤진숙 장관

그녀는 늘 웃는 얼굴이었다. 웃음
은 전염성이 있어서 다른 사람도 따라서 웃게 되지만, 그녀
의 웃음이 분위기를 싸늘하게 만들었던 건 전혀 웃을 시점
이 아닌데 웃었기 때문이다. 자신의 자질을 검증하는 자리
인 청문회에서 아는 게 하나도 없어 계속 질타를 받는 상황
이라면, 보통 사람들은 고개를 조아리며 "죄송합니다"를 연
발했을 테지만 그녀는 놀랍게도 실실 웃었다.

여수 앞바다에 기름이 유출되어 수많은 어민이 피해를 보
았을 때, 그에 대한 대책을 묻는 의원들 앞에서 그녀는 웃었
다. 지금이 웃을 때냐는 질책에도 굴하지 않고 말이다. 청문

회 때 사람이 웃는 이유는 대략 두 가지가 있다. 매우 뛰어난 자신한테 너희들이 뭔데 대드느냐는, 냉소적인 웃음과 아는 게 없을 때 어색함을 풀어보려는, 상황 모면용 웃음. 그녀의 웃음은 그 뒤의 행적으로 보건대 후자로 드러났다.

비난의 화살은 대통령에게 돌아갔다. 청문회에서 자질 논란이 일었을 때 대통령이 '모래밭 속 진주'라는 말까지 쓰면서 그녀를 두둔했으니까. 하지만 내가 보기엔 윤진숙을 장관으로 임명한 데는 실보다 득이 훨씬 더 많다.

첫째, 대통령이 처음으로 좋은 일을 했다. 대통령은 취임 후 1년간 이렇다 할 업적을 세우지 못했다. 좌파들이 유난히 준동한 탓이 가장 큰 이유겠지만, 대통령이나 그 지지자들이나 굉장히 초조했을 것이다. 하지만 윤진숙 장관을 해임하자 국민들은 물론이고 여당·야당이 모두 잘한 일이라고 찬사를 보냈으니, 이 얼마나 좋은가? 심지어 취임 후 처음으로 제대로 된 일을 했다는 찬사도 뒤따른다. 이게 가능한 것도 다 윤진숙 장관을 임명했기 때문이다. 이런 선견지명을 지닌 박근혜 대통령의 밝은 앞날이 기대되는 이유다.

둘째, 해양수산부의 능력에 대해 사람들이 신뢰하게 되었다. 보통 '아는 게 없는 사람이 높은 자리에 앉게 되면 그 조직은 망한다'는 추측을 할 수 있었지만, 아는 게 별로 없는 분이 장관이 되었어도 해양수산부는 지난 1년간 별다른 문제가 없었다. 장관이 뭐라고 하든 한쪽 귀로 흘리는 시스템이 마련된 덕분인지 모르겠지만, 이 정도면 우리나라 부처의 시스템에 대해 국민들이 신뢰감을 가질 수 있지 않겠는가?

셋째, 다른 장관들이 일하기 아주 편해졌다. 한 번 바닥을 치면 올라가는 것만 남았듯이, 윤진숙 장관 덕분에 타 부처 장관들, 특히 후임 해양수산부 장관은 아무 일도 안 해도 명장관 소리를 들을 수 있게 되었다. 칭찬은 고래도 춤추게 한다고, 다른 장관들에 대한 칭찬은 그들로 하여금 가진 능력을 다 발휘하게 만들 것이고, 그에 따라 우리나라도 더욱 발전할 수 있으리라.

넷째, 대통령의 성향에 대해 국민들이 알 수 있게 되었다. 대통령의 인사 중 주위의 반대를 무릅쓰고 임명을 강행한 인사는 2명인데, 한 명은 청와대 대변인을 지낸 윤창중이고, 또 한 명이 바로 윤진숙이다. 이쯤 되면 대통령이 어떤 사람을 총애하는지 대충 파악했을 테고, 앞으로 어떤 놀라운 인물이 높은 자리에 올라도 국민들이 이해할 수 있게 된 것이다.

국민들이 대통령을 이해하고, 대통령은 다시 소신껏 자신이 좋아하는 사람을 등용하고, 그 사람이 또 사고를 치고, 그럼으로써 국민들이 대통령을 더 잘 이해할 수 있게 되는 사이클이 반복된다면, 길게만 느껴졌던 남은 4년이 금방 지나가지 않겠는가?

이렇게 윤진숙 장관의 임명에는 긍정적인 면이 많은 데 반해 그림자라고 할 만한 점은 시중의 진주 가격이 폭락했다는 것 정도인데, 이건 물론 진주를 내다파는 상인들에게 안 좋은 일이라는 것이지, 진주를 좋아하는 많은 국민에게는 이것 역시 '빛'으로 여겨지지 않겠는가?

그래서 나는 윤진숙 장관을 왜 임명했느냐고 대통령을 욕하는 좌파들의 주장에 티끌만큼도 동의하지 않는다. 1년 남짓한 기간 동안 앞에 열거한 긍정적인 일들을 해내고, 자신이 왜 구설수에 오르느냐는 앵커의 질문에 "인기 덕분이라고 생각한다"는 예능감까지 갖춘 장관을 우리가 또 언제 만나볼 수 있겠는가? (2014. 2. 12.)

/

십이지장충과
청와대 행정관

"회충, 편충, 십이지장충." 어릴
적 기생충 하면 떠오르는 3대 기생충 중 하나가 바로 십이
지장충이었다. 사람의 소장을 세 부분으로 나누었을 때 위
바로 아래 부위가 십이지장충이고 그다음에 소장의 대부
분을 차지하는 공장jejunum이 있으며, 마지막에 있는 게 회
장ileum이다. 그러니까 십이지장충은 말 그래도 십이지장
에 사는 벌레, 영어 학명도 Ancylostoma duodenale로,
'duodenale'은 십이지장을 뜻하는 'duodenum'에서 비롯
된 말이다.

그렇다면 십이지장충은 정말 십이지장에 살까? 시험문제

를 내면 가끔 틀리는 학생이 나오기도 하던데, 그건 아니다. 십이지장은 길이가 그리 길지도 않은데다 위에서 나온 위산과 담도에서 나온 담즙이 드나드는 등 기생충이 살기에 그리 좋은 환경은 아니다. 그 결과 우리 몸에 사는 기생충의 대부분이 공장에 사는데, 십이지장충의 서식처도 바로 공장이다.

그럼 왜 이 기생충에 십이지장충이란 이름이 붙은 걸까? 십이지장충은 1838년 이탈리아의 안젤로 두비니Angelo Dubini라는 의사에 의해 최초로 발견되었다. 한 여성을 부검하던 두비니는 십이지장에서 이 벌레를 발견했기에 십이지장에서 산다고 착각을 한 나머지 그런 이름을 붙인 거였다. 원래는 공장에 사는데, 그 수가 너무 많다 보니 몇 마리가 살 곳을 찾아 십이지장까지 올라간 탓이다. 십이지장충이 십이지장과 전혀 무관하다니, 이 얼마나 아이러니한가?

벌써 20년이 다 된 이야기지만 한때 우리나라 사람들이 우루과이를 미워한 적이 있다. GATT(관세 및 무역에 관한 일반협정)를 대신하게 된 우루과이라운드로 인해 쌀을 외국에서 수입하게 되고, 그러다 보니 안 그래도 어려운 농민들의 삶이 더 피폐해졌기 때문이다. 당시 대통령이던 김영삼은 "대통령직을 걸고라도 쌀 개방만은 막겠다"고 했지만, 그게 대통령 차원에서 할 수 있는 일은 아니었다. 신기한 것은 이 협정이 우루과이와는 별 관계가 없다는 것이다. 우루과이가 원해서 이런 협상안이 만들어진 것도 아닌데다 우루과이도 우루과이라운드로 인해 피해를 보았으면 보았지 이득을 볼 게 없는 나라였으니, 갑자기 우루과이 욕을 해대는 사람들 때문에 얼마나 황당했겠는가?

그럼에도 여기에 이런 이름이 붙은 것은 단지 우루과이라 운드의 첫 회의를 우루과이의 푼타델에스테Punta del Este에 서 열었기 때문이다. 5,000만 명이나 되는 사람들의 목숨 을 앗아간 스페인독감도 스페인이 만들어 퍼뜨린 건 아니었 고, 최초 발생지도 스페인이 아니었다. 일설에 의하면 유럽 의 다른 나라들은 다들 제1차 세계대전으로 정신이 없어 언 론을 통제했지만, 스페인은 참전국이 아니라서 독감에 관한 보도통제를 하지 않았기 때문이라는데, 이 독감으로 죽는 사람들이 스페인을 원망해서 스페인이 좀 억울했을 성싶다.

청와대 행정관. 그 이름 때문에 사람들은 청와대 행정관 이 청와대와 관련이 있다고 생각하지만, 전혀 그렇지 않다. 그 직위에 '청와대'가 붙었을 뿐 청와대 행정관이 하는 일은 어디까지나 청와대와 무관한, 개인적인 것들이다. 예를 들어 용산에서 철거민들이 다수 숨진, 소위 용산 참사가 벌어졌을 때 청와대 행정관 이성호가 경찰청에 여론조작을 하라고 이메일을 보낸 적이 있다. 비슷한 시기 발생한 연쇄 살인마 강호순 사건을 떠들어대서 용산 참사를 묻으라는 게 이메일의 요지였는데, 민주당 등 야권은 여기에 정권 차원의 개입이 있었다면서 난리를 쳤지만, 청와대는 이게 "청와대 행정관의 개인적 행동이었다"며 구두경고만 주었다. 왜? 청와대 행정관이 하는 일은 청와대와 아무런 관계가 없으니까.

한때 사회적 이슈였던 민간인 불법사찰이 탄로 났을 때 증거 인멸을 지시한 사람은 바로 청와대 행정관 최종석이었다. 아랫사람에게 다 덮어쓰라고 지시한 그의 발언은 녹취록을 통해 세상에 공개되었는데, 사람들은 청와대 행정관이라는 그의 직위 때문에 청와대와 모종의 관계가 있을 것으로 보았지만, 청와대 측은 청와대 행정관이 청와대와 무관하다는 걸 몰라주는 여론이 야속했으리라.

채동욱 검찰총장 아들의 정보를 불법 유출한 조오영 청와대 행정관이 요즘 화제다. 청와대는 당연히 "개인적인 일탈", 즉 조오영 행정관이 채동욱 총장 아들의 의혹이 너무나 궁금해 개인적으로 한 짓이라고 이야기했지만, 세상은 이번에도 청와대를 의심한다. 답답한 마음은 이해하지만, 답답하다고 혼자 가슴을 쳐봤자 아무 소용이 없다. 이런 문제는 교육으로 풀어야 하는 법, 초중고 시험에 다음과 같은 문제를 의무적으로 내자. "다음 중 청와대와 관계가 없는 직급은?" ① 청와대 청소아줌마, ② 청와대 요리사, ③ 청와대 미용사, ④ 청와대 행정관. 교육이 바로 서야 국가가 바로 서는 법이다. 지금부터 시작한다면 10년 후에는 청와대 행정관이 어떤 범죄를 저질러도 청와대가 억울하게 의심받는 일은 없지 않겠는가. (2013. 12. 8.)

정답 ④ 청와대 행정관

/

수도를
옮겨야
한다

    천주교정의구현전국사제단 전주
교구의 시국미사 발언을 뉴스로 접하고 기절할 뻔했다(박창
신 신부는 2013년 11월 22일 시국미사 때 "천안함 사건 났죠? 북한
함정이 어뢰를 쏘고 갔다? 이해가 갑니까?"라고 발언했다). 천안함
이 북한의 소행이 아니라니 그게 무슨 소리인가? 내가 천안
에 살아서 아는데, 그거 북한 소행 맞다. 걱정이다. 불교, 개신
교, 기독교까지 좌파에 점령당했다면, 좌파가 없는 청정지대
가 도대체 이 나라에 있기나 한 걸까? 전교조가 학교를 장악
해 좌파 학생을 양성하고 있고, 불발되긴 했지만 이외수 선생
은 '진짜사나이' 강연을 통해 시청자들을 세뇌시키려고 했다

(이외수는 MBC 프로그램 〈진짜사나이〉에서 군 생활에 대해 30분간

강연을 했다. 그런데 그가 트위터에 "천안함 사태를 보면서 한국에는

소설 쓰기에 발군의 기량을 가진 분들이 참 많다는 생각을 했다"라고

쓴 것이 논란이 되어 그의 강연분이 통편집되었다).

심지어 눈이 작은 한 교수는 기생충을 이용해서 공산혁명

을 완성시키려고 발악을 하고 있다. 좌파의 효시인 마르크

스가 태어난 나라는 이억만리 떨어진 독일인데, 웬 좌파가

이리 득실댄단 말인가? 더구나 6·25전쟁을 통해 좌파의 위

험성을 몸소 체험한데다 그 이후 정권에서 틈날 때마다 좌

파를 소탕해왔는데, 이상하게 좌파의 숫자는 점점 불어나는

느낌이다.

예컨대 19년 전, 좌파 감식 능력이 있는 박홍은 다음과 같

이 개탄했다. "87년 이후 사회로 배출된 주사파의 숫자는 1만

5,000명선이며, 이 중 750명 가량이 대학 졸업 후 정치 언

론 교육계에 들어갔다." 1994년만 해도 1만 5,000명에 불

과했던 좌파는 2002년 대선을 맞아 총궐기를 했는데, 그

숫자가 무려 1,200만 명이었다. 손이 엇나가서 2번을 찍은

분, 문맹자, 근시, 난시, 백내장, 노안 등 마음과 달리 2번을

찍은 분을 200만 명으로 잡는다 해도 좌파의 숫자는 무려

1,000만 명이 된 것이었다.

8년 만에 70배가 늘어난 이 현상을 대체 어떻게 설명할 것인가? 그로부터 10년 뒤, 앞에서 보나 뒤에서 보나 전형적인 좌파인 문재인이 얻은 득표수는 1,400만을 훌쩍 넘었다. 이명박 정부 동안 수많은 좌파를 소탕한 걸 생각하면 기가 막힌다. 국정원의 뛰어난 활약이 아니었던들 좌파의 손아귀로 정권이 넘어갈 수도 있는 노릇이었다. 문제는 이 추세대로라면 4년 후 좌파의 숫자가 1,500만 명을 넘는다는 것인데, 이렇게 된다면 선거는 해보나마나 국정원이 대리투표를 하는 특단의 조치가 아니고서는 이길 방법이 없다.

답답한 마음에 산에 올랐더니 좌파로 보이는 사람들만 득실댄다. 안 되겠다 싶어 남들이 안 다니는 길을 찾다가 오른쪽만 수염을 기르고 가르마도 오른쪽으로 탄 도인을 만났다. 혹시 하는 마음에 물었다. "우파신가요?" 그는 말없이 고개를 끄덕였다. 반가운 나머지 이말 저말을 했더니, 그가 드디어 입을 연다. "요즘 우파라는 게 탄로가 나면 두들겨 맞을 수도 있다고 합디다. 해서 신분을 숨긴 채 이러고 있는 거지요." 그의 말에 격하게 공감하면서, 무슨 대책이 없느냐고 물었다. "천도입니다." "천도? 수도를 옮긴다고요? 어디로요?" 끈질기게 물었지만, 그는 대답하지 않고 홀연히 사라져 버렸다.

천도? 그게 무슨 뜻이지? 내려오는 길에 깨달았다. 그의 말이 무슨 뜻인지를. 지금 우리나라의 수도는 서울인데, 서울은 중앙선을 기준으로 많이 왼쪽에 있다. 그래서 하룻밤만 자고 일어나면 좌파가 만들어진다. 우리가 숭배해 마지않는 미국을 보라. 워싱턴은 그 넓은 미국 땅에서 맨 오른쪽에 있지 않은가? 독일의 베를린도 동쪽이며, 영국 런던도 중앙선을 기준으로 오른쪽이다. OECD 국가 중 우리처럼 수도가 왼쪽에 있는 나라는 없다. 좌파의 온상인 전라도가 왼쪽에 있는 것도 우연은 아니다. 인천이 수도가 아닌 건 그나마 다행이지만, 이래서는 나라 전체가 좌파의 말발굽에 짓밟힐 판이다. 과감히 수도 서울을 버리고, 강릉이나 동해시, 속초 등에 새로운 수도를 만들어야 한다. 그러면 좌파의 기세가 한풀 꺾이는 것은 물론, 미국과도 더 가까워지니 얼마나 좋은 일인가? 게다가 새 수도를 건설하면 수많은 일자리도 창출되고 경제도 살릴 수 있다. 대선이 4년밖에 남지 않은 지금, 수도 이전의 첫 삽을 뜰 때다. (2013. 11. 26.)

/

국정원,
당신의 능력을
보여주세요

2012년 대선은 범야권이 최선을 다한 선거였다. 나름의 지지를 얻던 안철수가 사퇴했고, 진보정당의 이정희도 막판에 사퇴함으로써 야권 후보는 문재인으로 단일화되었다. 게다가 이명박 정부는 정말 이럴 수가 있을까 탄식이 나올 정도로 삽질에 삽질을 거듭했으니 (진짜 삽질도 하긴 했지만) 다른 나라 같으면 당연히 정권이 교체되었을 터였다. 여권으로서는 무척 어려웠던 이 선거에서 새누리당이 승리한 비결은 침묵을 금으로 여기는 박근혜 대통령의 훌륭한 인품과 기초연금으로 대표되는 탁월한 공약이 결정적인 역할을 했지만, 국정원 요원들이 열심히 댓글을 단 것도 한 이유였을 것이다.

겸손한 대통령께서는 "나는 도움 받은 적이 없다"며 손사래를 치지만, 인터넷 기사마다 주렁주렁 매달린 수만 개의 댓글이 선사했던 잔잔한 감동을 어찌 잊을 수 있겠는가? 그들이 아니었다면 종북 세력에 정권을 넘겨줄 수도 있었다는 점에서, 국정원의 역할은 아무리 칭찬해도 지나치지 않다.

그런 국정원이 요즘 무척 곤혹스러운 처지에 있다. 우리나라에 입국해 서울시 계약직 공무원으로 일하던 유우성을 국정원이 간첩으로 만들려고 한 의도는 나쁘지 않았다. 국정원이 그를 긴급 체포한 2013년 1월은 국정원이 단 댓글들이 노출되면서 사방에서 욕을 먹고 있었던 때였으니까. 그 비난의 상당 부분은 "그 우수한 인재들을 데려다가 겨우 댓글이나 달게 하느냐"는 것이었는데, 그 댓글이 대선에 미친 영향을 생각하면 "겨우 댓글이나" 같은 말은 안할 테지만, 우리 사회는 이상하게 댓글이 백수, 초딩, 기생충학자 같은 사람들만 다는 것으로 폄하된다.

그래서 국정원은 자신의 존재감을 드러내기 위해 유우성을 체포했는데, 그가 간첩이라는 유일한 증거는 여동생의 증언이었다. 하지만 "여동생 믿지?"라는 말이 유행하는 데서 알 수 있듯이, 여동생은 믿을 만한 존재가 아니었다. 그녀가 "국정원이 협박과 가혹 행위를 해서 허위 자백을 했다" 라며 증언을 뒤집었고, 결국 유우성은 1심에서 간첩 혐의에 대해서는 무죄판결을 받는다.

당황한 국정원은 자신들의 능력을 십분 발휘하는데, 유우성이 북한에 입국했다며 중국 공안국이 발급하는 출입경 기록을 위조한 것이다. 나중에 들통나긴 했지만, 이게 얼마나 진짜 같은지 법원이 중국 공안국에 "진짜 너희가 발급한 게 맞느냐?"고 물어볼 정도였다. 물론 공안국이 단호하게 위조된 문서라고 하는 바람에 탄로가 나긴 했지만, 위기를 기회로 바꾸고, 증거가 없으면 위조라도 서슴지 않는 그들의 능력만큼은 칭찬받아야 마땅하다.

안타까운 건 이번 일로 인해 그들의 능력이 사장되면 어쩌나 하는 점이다. 사실 자신의 존재감을 위해 멀쩡한 사람을 간첩으로 모는 건 많은 사람의 지지를 받긴 힘든 일, 그러니 국정원이 정말 자신의 존재감을 보이고 싶다면 그들의 탁월한 능력을 좀더 좋은 일에 쓰기를 권한다. 예를 들어보자.

첫째, 빅토르 안(안현수). 2014년 소치 동계올림픽에서 3관왕에 오른 빅토르 안은 다들 알다시피 원래 한국 선수였는데 자신의 말에 따르면 "우리나라 대표로는 더이상 올림픽에 나갈 수 없게 되어 러시아로 귀화했다"고 한다. 그를 다시 우리나라 선수로 귀화시키는 것도 국정원이 얼마든지 할수 있지만, 4년 후 33세가 되는 그가 또다시 좋은 성적을 올릴지는 미지수다. 그보다 좋은 수가 있다. 서류를 위조해 그가 러시아로 귀화한 것 자체가 원천 무효라고 주장하는 거다. 그 일만 잘 된다면 안현수가 딴 금메달 중 남자계주를 제외한 2개와 동메달 1개는 우리 것이 되고, 우리나라(금5, 은3, 동3)는 벨라루스(이 나라는 희한하게 은메달이 없다. 금5, 동1)를 제치고 종합 8위에 오를 수 있으니, 이 얼마나 경사인가?

둘째, 김연아. 김연아가 금메달을 빼앗기다시피 한 것은 우리 국민들에게 충격이었다(아내는 이로 인해 스트레스를 너무 받아 그 이튿날부터 독감으로 고생했다). 김연아의 금메달을 다시 찾아줄 이는 오직 국정원뿐이다. 당시 채점을 한 심판들을 데려다 자신의 특기인 협박과 가혹 행위를 가함으로써 "소트니코바에게 돈을 받고 점수를 잘 주었다"는 동영상을 찍는 거다. 안 그래도 소트니코바의 금메달은 논란이 많은 만큼 국정원이 이런 일을 한다면 정의를 바로 세우는 것일 수도 있다. 또한 우리나라는 금메달 1개를 추가하게 됨으로써 종합순위가 13위에서 11위로 두 단계 올라가고, 떠나는 피겨여왕에게도 좋은 선물이 될 것이다.

이 밖에도 〈설국열차〉의 송강호에게 아카데미 남우주연

상을 안긴다든지, 리오넬 메시를 귀화시켜 월드컵에 우리나라 대표로 나가게 하는 등등 잘만 찾아보면 국정원이 할 수 있는 일은 엄청나게 많다. 지금 간첩 걱정없이 발 뻗고 편히 잘 수 있는 것도 물론 국정원 덕분이지만, 무대를 세계로 넓혀 자신들의 능력을 발휘해주면 더 좋겠다. (2014. 3. 2.)

/

국정원과
스파르가눔

한 여성이 오른쪽 발목 통증으로 병원에 왔다. 육안으로 봐도 복숭아뼈 주위에 커다란 종괴腫塊가 있는 게 보일 정도였다. 일단 수술하는 게 좋겠다 싶어 발목 근처를 절개해보니 하얀 물체가 고개를 쳐든다. 그 종괴는 바로 '스파르가눔'이었다. 주로 뱀이나 개구리를 먹고 감염되지만, 이 여인처럼 저수지의 물을 먹어도 걸릴 수 있다.

이 여인에게서 처음 증상이 나타난 것은 20년 전이었다. 오른쪽 허벅지에 종괴가 나타났다가 몇 달 후 무릎 뒤쪽으로 갔고 거기서 이리저리 움직이다가 사라졌다는 것이다. 그로부터 19년이 지난 뒤 그 종괴는 발목 근처에 나타났고 환자에게 걸을 때마다 통증을 유발한 것이었다. 즉, 환자의 입으로 들어간 스파르가눔은 곧 십이지장을 뚫고 나왔고 복강을 헤매던 끝에 허벅지에 갔다가 무릎 뒤쪽 공간으로 내려와 19년의 세월을 보냈다. 그렇게 가만히 있던 스파르가눔은 어느 날 심경 변화를 일으켜 발목으로 내려와 의사에게 걸려 20년의 삶을 마감했다. 그 세월을 증명하듯 스파르가눔의 길이는 18센티미터나 되었다.

여기서 주목해야 할 것은 스파르가눔이 1미터가 넘는 먼 길을 여행했다는 사실이다. 우리 몸은 결코 허술한 조직이 아니고 피부와 근육, 혈관, 신경 등이 어우러져 있어 통과하는 것이 결코 쉽지 않다. 게다가 스파르가눔은 고무보다 훨씬 더 부드러운 기생충이다. 이런 연약한 몸으로 근육 등을 뚫으면서 그 먼 길을 이동했다는 것은 대단한 일이다. 더 놀라운 일은 1년 후에 벌어졌다. 환자는 전과 비슷한 위치에 종괴가 나타난 것을 발견했고 혹시나 해서 병원에 왔다. 발목 위를 절개해보니 역시 하얀 물체가 고개를 쳐들고 노려보고 있었다.

20년 전 여인이 저수지의 물을 마실 때 들어갔던 스파르가눔이 두 마리였던 모양이다. 그 한 마리가 어디서 어떤 세월을 보냈는지는 모르겠지만 일단 허벅지까지 온 뒤 먼젓번

스파르가눔이 만들어놓은 길을 발견했다는 것은 확실해 보
인다. 앞서 발견된 스파르가눔이 뚫은 통로는 우리 몸의 재
생기전再生機轉에 의해 다시 막혔겠지만, 그래도 처음 뚫을 때
보다는 훨씬 수월했을 것이다.

두 번째 스파르가눔은 앞서 만든 길을 따라 첫 번째 벌레
가 생을 마감했던 근처까지 왔고 거기서 의료진에게 발각되
고 만 것이다. 이런 식으로 스파르가눔이 한 번 만들어진 길
을 따라 움직이는 것은 종종 있는 일인데 이 대목에서 김구
선생이 즐겨 읊으신 시구가 떠오른다. "눈을 밟으며 들길을
갈 때/모름지기 함부로 걷지 마라/오늘 내가 남긴 발자취
는/오는 사람에게는 이정표가 될 것이니."

박정희 전 대통령이 만든 중앙정보부는 그 막강한 정보
력과 권위를 이용해 국내 정치를 쥐락펴락했다. 폐해가 심
각해지자 이름을 국가안전기획부로 바꿨고, 김대중 정부에
선 국가정보원으로 바꾸는 등 본연의 업무인 대공사업에만
전념하도록 노력해왔다. 하지만 그 습성이 하루아침에 바뀔
수는 없는 노릇인가보다.

지난 세월 국정원과 그 전신이 자행했던 국내 정치 개입
의 전통은 정권의 요구를 쉽게 받아들이는 이유가 되었다.
2012년 대선 덜미가 잡힌 국정원 요원의 댓글 공작도 그 연

장선상에 있다. 이번 사건이 어이없는 것은 그래도 전문가
인 국정원 요원이 직접 인터넷에 댓글 다는 일을 했다는 점
이다. 이쯤 되면 국정원의 자존심은 어디다 팽개쳤는지 의
문스럽다. 일부의 말처럼 그 공작이 대선의 승패에 하등 영
향을 미치지 않았다 해도 문제는 남는다. 명색이 국정원 요
원이란 사람이 티도 안 나는 쓸 데 없는 일에 에너지를 쏟은
셈이니 말이다. 두 번째 스파르가눔이 앞선 스파르가눔의
발자취를 따라갔듯이 국정원 역시 선배들이 했던 길을 충실
히 따르고 있다. "모름지기 함부로 걷지 마라." 김구 선생이
읊던 시에 이 대목이 나오는 것도 다 이런 일을 경계한 게
아니겠는가. (2013. 8. 21.)

/

국정원과
오마토코이타

　　　　　　기생충이 가장 많이 분포하는 기
후대는 어디일까? 아프리카가 속한 열대를 먼저 떠올리겠
지만, 사실 기생충은 온대 지방에 더 많다. 사람이 살기 좋은
곳은 기생충도 살기 좋기 때문이다. 회충을 예로 들어보자.
회충알이 땅속에서 잘 발육되어 사람에게 감염될 수 있는
상태에 이르려면 어느 정도의 습기가 있어야 한다. 그런데
상인이 사하라사막에 변을 보면서 수만 개의 회충알을 뿌려
놓는다고 해보라. 그 회충알 중 제대로 살아남을 놈이 몇이
나 되겠는가? 그래서 아프리카에는 모기가 전파하는 기생충
이나 물을 통해 옮겨지는 기생충들이 우글우글하다.

다음 문제. 그렇다면 기생충이 가장 없는 기후대는? 흔히 추운 지방을 떠올릴 텐데 이번엔 그게 정답이다. 추운 곳에서는 회충알은 물론이고 간디스토마처럼 달팽이를 중간숙주로 하는 놈은 살아남지 못한다. 날도 덥고 하니 추운 나라 이야기를 해보자. 북극 가까운 곳에 그린란드라는 나라가 있다. 지구본의 맨 위쪽에 있다 보니 별로 강한 인상을 주지 못하고 여러 나라의 식민지를 거쳐 현재도 덴마크의 속국이란 처량한 지위지만 면적으로 따지면 세계 12위에 해당하는 큰 나라다. 국토의 85퍼센트가량이 얼음으로 덮여 있긴 하지만 말이다.

자, 이 나라에는 어떤 기생충이 있을까? 북극곰과 바다표범에 선모충이라는 근육에 사는 기생충이 있다. 땅에서 발육하는 게 아니라 동물들 간의 잡아먹힘을 통해 전파가 이루어지니 추운 나라라고 해도 기생충이 있을 수는 있겠다. 실제로 1940년대와 1950년대 이 기생충으로 인한 환자 발생이 제법 많았다고 한다. 하지만 내게 깊은 인상을 준 그린란드의 기생충은 선모충이 아니라 상어에 기생하는 기생충이었다. 그린란드 상어는 3~5미터에 달하는 커다란 크기에 400킬로미터가 넘는 당당한 체구를 자랑한다.

웬만한 동물은 통째로 삼키는 포악한 녀석인데 몇 년 전

에 잡힌 그린란드 상어의 위에서는 순록과 북극곰이 그대로
남아 있었다고 한다. 세상에 무서울 게 없어 보이던 이 그린
란드 상어도 무서워하는 게 있으니 바로 상어의 눈에 기생
하는 오마토코이타 엘롱가타Ommatokoita elongata였다. 이 기
생충은 갈고리처럼 생긴 한쪽 끝을 상어의 눈에 박아놓고서
상어의 눈 조직을 야금야금 먹으면서 사는데 이러다 보니
상어가 시력을 잃는 건 당연한 일이다.

　물론 상어는 원래 후각이나 촉각으로 살아가는 존재인지
라 큰 불편함은 없다고 하겠지만, 북극곰도 삼키는 무서운
상어의 눈에 들어가 실명까지 시키는 기생충이라니 놀랍기
그지없다. 정리를 해보자. 사람은 북극곰을 만나면 끝장이
다. 그 북극곰은 상어한테 한입에 먹힌다. 그 상어는 눈에 기
생하는 오마토코이타에게 꼼짝을 못하며 실명까지 한다. 정
리를 해놓고 보니 왠지 최종 승자가 비열하기 짝이 없는 오
마토코이타인 것 같다.

　이런 알 수 없는 먹이사슬은 우리나라에서도 벌어지고 있
다. 2012년 대선 때 국정원에서 선거에 영향을 미칠 목적으
로 조직적인 댓글 공작을 벌인 게 드러났다. 북극곰이라 할
수 있다. 시민들은 촛불을 들고 광화문 광장에 모여 민주주
의를 파괴한 국정원을 성토했다. 그린란드 상어처럼. 하지만

그로 인해 위기에 몰린 국정원은 뜬금없이 돌아가신 노무현 전 대통령의 대화록을 흘림으로써 사람들의 눈을 멀게 했다. 오마토코이타다. 이 공작은 어느 정도 적중해 일베충을 비롯한 일부 사람들은 노무현 전 대통령이 NLL을 포기하려 했다고 성토하고 있다.

시력을 잃어버린 상어가 다시금 먹이사냥에 나설 수 있었던 건 후각과 촉각 덕분이었다. 국정원의 공작에 현혹되지 않고 민주주의를 다시 세우려면 우리에게도 후각과 촉각이 필요하다. 지각 있는 시민의 존재와 그들이 들고 있는 촛불이 지금 우리에게 필요한 후각과 촉각이 아닐까? (2013. 7. 12.)

/

윤창중은
그럴 사람이
아니다

날이면 날마다 신문지면을 장식

하던 남양우유 욕설 파문은 묻혔다. 기사대로라면 1882년

한미통상조약이 체결된 이후 최악의 일이 벌어졌기 때문이

다. 화제의 주인공은 윤창중 열사다. 청와대 대변인으로 박

근혜 대통령을 수행해서 미국에 간 그가 한국계 미국인인

20대 여성을 성추행했다는 게 기사 내용이다. 일부 좌파들

은 "불미스러운 일로 대변인에서 경질되었다"는 기사 내용

을 토대로 그의 성추행을 기정사실화하고 있지만, 다른 사

람은 몰라도 나는 윤창중의 결백을 믿는다.

첫째, 윤창중은 윤봉길의 후예다. 파평윤씨 종친회는 부인

했지만 윤창중은 자신이 중국 상하이에서 폭탄을 던져 일본 군 요인을 암살한 윤봉길의 손자라고 했다. 파평윤씨와 별 관계가 없어 보이는 새누리당 의원인 하태경도 "윤봉길 손 자가 맞다"며 확인해주었는데, 호랑이는 고양이를 낳지 않 는다는 평범한 진리를 생각해보면, 윤봉길의 손자가 미국에 서 딸같은 여자 인턴의 엉덩이를 움켜쥐는 짓을 했을 리가 없다. 윤창중이 그런 짓거리를 한 게 사실이라면 그는 윤봉 길의 손자가 아니라 조두순의 배다른 동생일 것이다.

둘째, 윤창중은 탐욕이 없는 사람이다. 『뉴데일리』에서 십 수 편의 칼럼으로 진정한 수구꼴통이 뭔지 보여주었던 윤창 중은 채널A의 〈박종진의 쾌도난마〉에 나와 다음과 같은 말 을 한다.

박종진 이제 대통령직인수위원회에 들어가 애국하셔야 하지 않습니까?

윤창중 그런 말은 제 영혼에 대한 모독입니다. 윤봉길 의사에 게 '이제 독립했으니까 문화체육관광부 장관해라'고 하는 격입니다.

물론 사흘 후 덥석 인수위 대변인 자리를 수락하지만, 사

흘이나 버텼다는 것 자체가 그가 욕심이라고는 전혀 없는
사람임을 보여준다. 그런 사람이 여자 인턴의 엉덩이에 욕
심을 냈다는 게 말이나 되는가? 윤창중이 그런 짓거리를 한
게 사실이라면 그는 한입으로 두말하는 일구이언하는 자며,
표리부동하며 면종복배하는 자며, 입에는 꿀을 담고 뱃속에
는 칼을 품은 '구밀복검'하는 자이리라.

셋째, 입이 더러운 자는 보통 손은 깨끗하다. 북한과 전쟁
도 불사하겠다는 극우보수 인사 중 군대 안 간 사람이 많듯
이 입으로는 욕이나 더러운 말을 많이 하는 사람들은 대개
싸움을 못하고 행동도 얌전한 경우가 많다. 윤창중은 우리
나라에서 입이 더럽기로 소문난 자로, 안철수에게 "젖비린
내가 폴폴 난다"고 일갈했고, 문재인 지지를 선언한 정운찬
등에게 "정치적 창녀"라고 한 바 있는데, 그가 청와대 대변
인이 되었을 때 이 막말이 문제가 되어 사과까지 한 적이 있
다. 속설대로라면 그는 말만 더러울 뿐 손은 비교적 깨끗해
야 하지만, 만에 하나 기사 내용이 사실이라면 그는 말과 손
과 성기가 삼위일체로 더러운 보기 드문 인물이 된다.

넷째, 박근혜 대통령의 눈을 믿자. 박근혜 대통령은 인사
의 달인으로 불릴 정도로 사람을 잘 알아본다. 별장에서 성
접대를 받았다는 의혹을 받는 김학의 전 법무부 차관을 비

롯해서 짧은 기간에 7명을 낙마시킨 건 박근혜 대통령이 인
사의 달인이 아니었다면 가능하지 않았으리라. 게다가 윤진
숙이라는 진주를 모래 속에서 찾아내 해양수산부 장관을 시
킨 건 화룡점정이었다. 그런 대통령이 주위의 반대를 무릅
쓰고 낙점한 분이 20대 여성 인턴의 엉덩이에 눈이 뒤집혀
성추행을 했다고 주장하는 건 박근혜 대통령의 독특한 심미
안에 대한 중대한 도전이다. 하지만 윤창중이 성추행을 한
게 사실이라면, 박근혜 대통령은 인사의 달인은커녕 국민이
반대하는 사고뭉치만 죄다 요직에 앉히는 청개구리 기질을
가진 인사의 하수이리라.

　윤창중이 성추행을 저지를 사람이 아니라는 건 이쯤 해두
고 이제 세간의 의혹을 한 방에 정리해준다.

　첫째, 일찍 귀국한 이유에 대해 윤창중이 "아내가 사경을
헤매서"라고 답변한 것에 대해: 지금쯤 윤창중의 부인이 사
경을 헤매고 있을 건 확실한 일이니, 이건 거짓말이 아니라
예언이다. 그러니까 윤창중은 이 같은 일을 예측해 급거 귀
국한 것이다.

　둘째, 자기 카드로 미국에서 한국까지 항공료를 결제한 것
에 대해: 국가 돈으로 외유에 나서는 인사들이 한둘이 아닌
판에 정상회담이라는 공적인 일로 미국에 갔으면서도 자기

돈을 쓴 윤창중의 행위는 칭찬을 해주어도 모자랄 일이다.

셋째, 박근혜 대통령이 '부적절한 행동'을 들어 윤창중을 경질한 것에 대해: 윤창중은 부인이 사경을 헤맬 것을 예측해 공무 수행 중 일찍 귀국했다. 이제부터 그가 해야 할 일은 극진한 간병이다. 박근혜 대통령은 윤창중이 간병에 전념할 수 있도록 대변인에서 물러나게 했다. 그럼 부적절한 행동은 뭐냐면, 늘 공보다 사를 우선시하는 박근혜 대통령에게 아무리 사경을 헤맨다 해도 사적인 일로 공무를 팽개친 윤창중의 행위는 불미스러운 일이다.

이렇게 윤창중을 장황하게 변호했지만, 그에게 실망한 게 딱 하나 있다. 그는 "신체 접촉은 있었지만 성추행은 아니다"라고 했는데, 이건 예전에 아이돌 가수인 김상혁이 "술은 마셨지만 음주운전은 아니다"의 아류에 불과하다. 청와대 대변인쯤 되면 언어의 마술사라 할 만한데, 아무리 사정이 급박하다 해도 오래전에 크게 화제가 된 발언을 우려먹는 건 대변인답지 못하다. 어찌되었건 아내 간병 때문에 공무를 팽개치고 귀국한 만큼 꼭 부인을 살려 놓으세요. 제가 응원합니다, 윤 열사님. (2013. 5. 12.)

제
4
장

민주주의의 적들

정치는 양심을 깔고 앉는다.

— 윌리엄 셰익스피어(William Shakespeare, 1564~1616)

/

박사모는
틀렸다

"박 대통령 탄핵은 검찰, 국회, 언론, 종북 세력의 정치적 음모에 의해 이뤄진 것이다." 서울 디지텍고등학교 곽일천 교장이 2월 7일 종업식에서 학생들을 앞에 놓고 했던 말이다. 정권의 하수인이라 불리는 검찰, 박근혜 대통령의 충복인 새누리당이 다수당인 국회, 보수의 지분이 많았던 언론이 그간 배척해 마지않던 종북 세력과 힘을 합쳐 음모를 꾸몄다는 그의 말에 고개가 갸웃거려진다. 하지만 태블릿PC가 최순실의 것인지 아직 밝혀지지 않았다는 다음 말을 들으면 진짜 음모를 꾸미는 이가 누구인지 짐작이 간다. 80퍼센트의 국민이 탄핵을 지지하는 이

순간에도 저들은 뒤집기 한판을 꿈꾸며 음모를 꾸미고 있는 중이니까.

모든 것은 다 고영태가 벌인 일이라느니 도널드 트럼프가 탄핵을 반대했다느니 하는 내용의 가짜뉴스는 그 결정판이다. 엊그제는 원유철 새누리당 의원이 대선 주자들을 모아 놓고 헌법재판소의 탄핵안 심판 결정에 승복할 것을 약속하는 합동서약을 하자고 제안하기도 했는데, 이걸 보면 드디어 저들이 뒤집기 문턱에 다다른 것 같기도 하다.

민주주의는 다양한 의견이 존재하는 게 생명이다. 자신과 다르다고 해서, 그 의견을 지지하는 이의 숫자가 적다고 해서 다수의 힘으로 무시해서는 안 되는 게 민주주의다. 그렇다면 15퍼센트에 불과한 박사모의 저 난리도 존중받을 가치가 있을까? 그건 아니다. 의견의 다름에도 정도가 있으며, 박사모의 지금 언행은 다름이 아닌, 틀림이다. 소수의견이 존중받아야 한다고 해서 검은 개를 흰 개라고 주장하는 사람의 말도 믿어주어야 하는 건 아니니까. 한국 정치가 지금 이 수준밖에 안 되는 것도 박사모의 틀림이 '다름'으로 받아들여졌기 때문이다.

2004년 노무현 대통령이 탄핵을 당했다. 죄목은 선거에서 당시 여당인 열린우리당이 되도록 많은 의석을 얻었으면

좋겠다는, 선거법 중립 의무를 위반한 발언을 했기 때문이
다. 그 당시 국민들은 탄핵 반대를 외치며 광화문에 모였다
(이들을 A라고 하자). 반면 탄핵 찬성을 주장하는 측은 태극기
를 흔들며 광화문 한쪽을 차지했다(이들을 B라고 하자). 여기
서 박근혜 대통령과 노무현 대통령의 죄목을 바꿔서 반응이
어떻게 달라질지 예상해보자.

1번. 2004년, 노무현 대통령이 측근인 최순실의 국정농단
과 사익 추구를 적극 도왔다는 혐의로 국회에서 탄핵된다.
그랬다면 A가 촛불을 들고 광화문에 모일까? 나는 아니라고
본다. '노빠'로 불리는 적극적 지지층이 없는 건 아니겠지만,
그래도 A는 최소한의 부끄러움은 느낄 줄 안다. 그러니 아
무리 노무현을 사랑하더라도 광화문에 나와 탄핵 반대를 외
치진 않았을 것이다.

2번. 2016년, 박근혜 대통령이 총선을 앞두고 "새누리당
이 과반, 최대 200석까지 얻었으면 좋겠다"고 말했다가 의
석의 3분의 2를 차지하고 있던 더불어민주당에 의해 탄핵
당한다. 이 경우 A는 광화문에 나가 탄핵 반대를 외칠까? 노
빠와 박근혜의 관계로 보건대, 그럴 것 같지는 않다. 그렇
다 해도 최소한 A는 탄핵 찬성을 외치진 않을 것이고, 여론
조사에서도 탄핵에 반대표를 던지리라. 왜? 겨우 그 정도 가

지고 국민이 뽑은 대통령을 탄핵한다는 건 다수당의 횡포일 뿐, 결코 민의가 아니니까. 반면 과거 노무현의 죄가 탄핵 사유라고 주장하던 B는 지금 그보다 천만 배가량 더 큰 죄를 지은 박근혜 대통령의 탄핵이 기각되어야 한다고 외치는 중이다.

전문용어로 이런 태도를 '내로남불'이라 한다. 내가 하면 로맨스, 남이 하면 불륜이란 뜻인데, 원래 '빠'들은 어느 정도 이런 특성을 지니고 있지만, 박사모의 내로남불은 해도 너무한 감이 있다. 민주주의를 완전히 파괴하고, 이명박 대통령을 정상적인 대통령처럼 보이게 만든 희대의 최악 대통령을 옹호하는 일은 부끄러운 일이지 않은가? 2016년에 열린 촛불집회에서 한 초등학생은 이렇게 말했다.

"제가 여기 나와서 이런 얘기 하려고 초등학교 가서 말하기를 배웠나. 자괴감이 들고 괴로워서 밤에 잠이 안 옵니다. 대통령은 국민이 준 권력을 최순실에게 줬습니다. 그래서 대통령이 아닙니다. 박근혜 대통령은 대통령 된 게 자괴감 들고 괴로우면 그만두세요."

그렇다. 논쟁이란 뭔가 좀 모호한 구석이 있을 때 하는 것이다. 초등학생도 아는 사실을 "그건 다 조작이다"라고 소리치는 건 한심한 일이다. 명색이 교육자인 교장이 학생들이다 모인 종업식에서 정의롭게 살아야 한다고 가르치지는 못할망정 어떻게 탄핵이 잘못되었다고 말할 수 있을까? 자신이 열린 사람인 양 질의응답까지 하는 모습에선 역겨움까지 느껴진다.

"사람이 살아가는 데 있어 아무리 심해도 넘어서면 안 되는 도가 있다고 생각합니다. 그런데 아무 거리낌도 없고, 죄의식도 없이 쉽게 하는 걸 보면서 한국 정치의 현주소가 아닌가 그런 생각이 듭니다."

2017년 1월 25일, 박근혜 대통령이 정규재 주필과의 인터뷰 도중 한 말이다. 정말이지 아무리 심해도 넘어서면 안 되는 도가 있는데, 아무 거리낌도 없고 죄의식도 없이 쉽게 그 도를 넘는 그 세력으로 인해 한국 정치의 현주소가 이 모양 이 꼴인 것이다. 박근혜 대통령과 박사모에게 이 말을 다시 돌려주는 이유다. (2017. 2. 15.)

세월호를
인양하라

　　대한민국 국민들의 자괴감을 높
여주기도 했지만, 최순실 게이트가 준 또 다른 긍정적인 영
향은 세월호에 대한 세간의 인식을 바꿔주었다는 점이다.
최순실 게이트가 공론화되기 전까지 세월호에 대한 반응은
다음과 같았다. 첫째, 이제 그만 좀 우려먹어라, 지겹다. 둘
째, 유족들이 돈 더 받으려고 저러는 거다. 셋째, 교통사고인
데 무슨 진상규명이 필요하냐. 넷째, 인양하지 마라. 돈 아깝
다. 모든 이가 다 그런 것은 아니지만, 인터넷을 통해 표출되
는 여론은 대체로 부정적이었다. 정부가 세월호 특별조사위
원회의 활동을 방해할 수 있었던 것도 다 이 때문이다.

최순실과 박근혜 대통령의 공모 관계가 밝혀진 이후 세월호는 다시금 조명되기 시작한다. 사건 당일 7시간 동안 대통령의 행적에 대한 진상규명 요구가 빗발치고 있다. 하지만 아직도 풀리지 않는 의혹은 세월호가 어떻게 침몰했는가 하는 점이다. 여기에 대해선 상대적으로 관심이 적었는데, 이 유인즉슨 검찰 수사로 인해 밝혀진 침몰 원인인 과적과 급변침에 대해 대부분 수긍했기 때문이다. 일부에서는 대통령이 배를 고의로 침몰시켰다는, 소위 인신공양설을 주장하기도 했지만, 여기에 동조하는 이는 많지 않았다.

2016년 말, '자로'라는 닉네임을 쓰는 누리꾼이 2년의 노력 끝에 '세월X'라는 동영상을 만들어 유포했다. 무려 8시간 49분에 달하는 이 동영상을 보고 있노라면 자로와 그를 도운 김관묵 이화여자대학교 교수의 노력에 절로 고개가 숙여진다. 자로는 그간 발표된 침몰 원인을 하나하나 제거하면서 세월호를 가라앉힌 진짜 이유에 접근해 나간다. 일단 급변침은 침몰 원인이 될 수 없다. 방향을 그 정도 틀었다고 해서 배가 넘어진다면, 우리나라 해역은 침몰하는 배들로 인해 연일 난리가 날 것이란다. 또한 언론에 보도된 것과 달리 세월호의 복원력은 그 정도로 나쁘지 않았다.

그렇다면 과적이 원인일까? 세월호 운항일지를 보면 사고 당일보다 3배 가까이 물건을 실은 날도 있었단다. 자로가 존경스러운 점은 사소한 주장을 할 때조차 관련된 증거를 산더미처럼 제시한다는 데 있다. 세월호 특별조사위원회의 조사결과가 인용되기도 하고, 언론보도나 검찰수사 자료, 『세월호, 그날의 기록』이라는 책이 동원된다. 과적이 원인이 아니라는 점을 증명하기 위해 자로는 세월호 참사 당일 배에 화물이 실리는 CCTV를 동원하기도 한다. '이 많은 자료를 다 어떻게 구했을까?'라는 감탄이 나오는 대목이다.

이런 노력 끝에 자로가 본 진실은 '외력'이었다. 사고 당일 세월호는 충격과 함께 45도로 기울었다. 3층 로비에 있던 양승진 선생님(실종)은 이 충격으로 바다로 튕겨나가기까지 했는데, 이건 급변침으로 인한 침몰에서는 일어나기 힘든 일이다. 실제로 세월호 생존자들 중 '쿵' 소리를 들은 이가 많다고 하니, 이게 전혀 근거 없는 이야기는 아니다. 문제는 그 외력의 정체가 무엇이냐는 것이다. 사고 장소가 바다인 만큼 암초나 다른 선박일 수밖에 없는데, 사고 당시 세월호 주위에는 둘 다 없었다고 발표된 바 있다.

자로는 그걸 잠수함이라고 추정한다. 진도 해상교통관제센터VTS 레이더에 나타난 괴물체가 그 증거다. 원래 이 물체는 세월호에서 떨어진 컨테이너라고 발표되었다. 하지만 자로는 이것이 컨테이너가 아닌, 나름의 동력을 가진 물체라고 주장한다. 레이더에 따르면 그 물체는 독자적인 방향으로 움직이다가 얼마의 시간이 흐른 뒤 레이더에서 사라졌는데, 이렇게 할 수 있는 물체는 잠수함밖에 없단다.

그렇다고 자로가 자기주장이 맞다고 일방적으로 우기는 것은 아니다. 자로는 말한다. 자신의 주장도 하나의 가설일 뿐이며, 더 설득력 있는 주장이 나온다면 기꺼이 잠수함 주장을 철회하겠다고. 더 정확한 진실을 알기 위해 자로가 원하는 것은 세월호의 인양이다. 무엇인가에 부딪혔다면 세월호의 어딘가에 그 흔적이 남아 있을 테니 말이다.

2016년 해양수산부 장관은 "올해 인양에 성공하겠다"고 여러 번 밝힌 바 있지만, 결국 세월호 인양은 해를 넘겼다. 일각에서는 정부가 인양에 별 뜻이 없는 게 아니냐고 의심한다. 그간 인양에 대해 소극적이었던 데다 상대적으로 기술력이 떨어지는 상하이샐비지를 인양업체로 선정한 사실은 의심을 증폭시킨다. 중국업체인 만큼 인해전술로 배를 빨리 인양하지 않을까 기대하기도 했지만, 인양이 언제쯤 될지 오리무중이다. 오히려 이들은 배에 130개의 구멍을 뚫는 등 선체를 훼손하고 있는데, 이러다간 배를 인양해도 침몰 원인을 찾지 못할 수도 있다.

혹자는 자로의 영상을 또 다른 음모론으로 치부한다. 그럴 수 있다. 하지만 음모론은 진실의 당사자가 뭔가를 자꾸 숨기려고 할 때 만들어진다. 박근혜 대통령의 청와대 7시간에 대해 갖가지 음모론이 나오는 것도 당시 행적에 대해 철저히 함구하다가 사실이 드러나면 그제야 인정하는 청와대의 석연치 않은 태도 때문이 아닌가? 세월호 침몰에 대한 음모론이 부담스러우면 하루빨리 배를 인양하자. 그리고 과학자를 포함한 검증단을 만들어 침몰 원인을 재조사하자. "어둠은 빛을 이길 수 없다. 거짓은 참을 이길 수 없다. 진실은 침몰하지 않는다. 우리는 포기하지 않는다." (2017. 1. 4.)

/

개
같은
한국

내가 알던 지인이 해발 600미터 산 정상에서 상담소를 운영하고 있다는 사실을 알게 된 것은 3개월 전이었다. 진로 문제로 고민할 때 기생충학을 하면 대박이 난다고 힘을 실어주었던 고마운 친구인지라 한 번 가야지 했는데, 시간이 없다 보니 지난 주말에야 그 산에 오를 수 있었다. 힘들게 꼭대기에 오르자 GH상담소라는 간판이 달린 막사가 눈에 띄었다. 사람들 몇 명이 문 앞에서 서성이고 있었는데, 문 앞에 조그만 메모가 붙어 있다. '사정상 폐업합니다. 상담소장 백.' 아쉬움을 뒤로 한 채 돌아가려는데, 누군가 나를 부른다. "서민 씨죠? 저희 소장님이 이걸 좀

전해달라고 해서요." 내가 올 것을 미리 알았다니, 정말 내 공이 출중한 친구구나 했다. 뭔가 더 물어보려고 했지만 그 사람은 이미 사라지고 없었다. 산 정상에 앉아 지인이 남긴 봉투를 열어보았다. 그건 그가 했던 상담 기록이었다.

Q 꿈 많은 중1 학생입니다. 저는 무조건 부자가 되고 싶어요. 수단 방법은 가리지 않아도 됩니다.

A 일단 공부를 열심히 해서 검사가 되세요. 그리고 기업을 경영하는 스폰서를 구하면 됩니다. 스폰서가 주는 주식을 갖고만 있으면, 오래지 않아 부자가 될 수 있습니다.

Q 아까 그 중1 학생입니다. 추가로 질문이 있어서요. 그렇게 하면 부자는 되겠지만, 감옥에 가지 않을까 걱정됩니다. 제가 아는 검사 한 분도 그 짓 하다가 구속되었거든요.

A 하하, 매사 신중한 학생이군요. 좋습니다. 제가 방법을 가르쳐드리지요. 어떻게든 줄을 대서 민정수석이 되세요. 그러면 아무리 큰 비리를 저질러도 끄떡없을 겁니다. 조사받으러 오라고 해도 '대통령을 보좌하는 큰일을 하고 있어 갈 수 없다'라고 하면 되니까요.

Q 급합니다. 친구를 살짝 밀었는데 그만 땅에 머리를 부딪쳤어
요. 4시간째 숨을 안 쉬는데 죽었으면 어쩌죠? 저는 이제부터
살인자인가요?

A 4시간이나 지났다니 너무 늦었네요. 친구분의 명복을 빕니다.
하지만 산 사람은 살아야 하니, 제가 방법을 가르쳐 드리지요.
친구분을 데리고 빨리 서울대병원에 가세요. 거기서 백씨 성을
가진 교수를 찾으시면 됩니다. 그러면 그분이 이렇게 말씀하실
겁니다. '아니, 심장이 안 뛰네? 이분의 사인은 심정지에 의한
병사야.' 당신은 더이상 살인자가 아닙니다.

Q 딸이 하나 있는데, 공부를 안 해요. 고1인데 맞춤법도 잘 모르
는 것 같아요. 인성이라도 좋으면 그걸로 수시 전형에 한 번 넣
어볼 텐데, 천하에 둘도 없는 개싸가지라서요. 어떻게 해야 할
까요? 참고로 저는 돈이 아주 많은 사모님입니다.

A 일단 말을 사세요. 아주 비싼 말이어야 합니다. 그리고 최고의
승마 코치를 구하세요. 2018년 아시안게임에서 메달을 딴다면,
인서울 중에서도 명문인 이화여대에 입학할 수 있을 겁니다.

Q 다시 죄송합니다. 이대가 학점 관리가 살벌하다던데, 그렇게
해서 붙은들 안 잘리고 졸업할 수 있을까요?

A 별걱정을 다하시네요. 이대가 그렇게 소문이 났지만, 교수들은 학생을 상전으로 모십니다. 승마 핑계 대고 학교를 안 가도 출석으로 인정해주거든요. 제가 아는 분도 그런 식으로 3.0이 넘는 학점을 땄어요. 교수가 협조를 안 하면 지도교수를 바꾸면 됩니다. 남자랑 눈이 맞아 임신만 하지 않는다면 졸업하는 건 문제없습니다.

Q 살이 쪄서 고민이에요. 무엇보다 식성이 너무 좋은 게 문제예요. 먹을 것을 보면 참지 못하거든요.
A 집권당 대표가 되세요. 그러면 단식할 일이 많이 생길 겁니다.

Q 제 생각을 말로 표현하는 데 어려움이 있습니다. 그리 어려운 내용도 아닌데 다른 사람에게 전달하려면 겁이 나고, 제 말을 들은 이들은 "무슨 말을 하는지 모르겠다"라고 합니다. 일자리도 구해야 하는데 이래 가지고 어디 취직이나 할 수 있을지 모르겠습니다.
A 대통령이 되세요.

Q 러시아에 살고 있는 이스키 정현스키입니다. 삶이 너무 무미건조해요. 이곳은 너무 춥고, 재미있는 일도 없어요. 늘 황량합

니다.

A 일단 한국 국적을 따세요. 한국에 대해 관심이 생길 테고, 무

미건조 같은 소리는 안 하게 됩니다. 지상 최대의 리얼 버라이

어티 쇼가 매일 밤 펼쳐지거든요.

Q 현직 대통령입니다. 제가 숨기고 싶은 비리가 터져나와 정신

이 없네요. 이 난국을 돌파하려면 어떻게 해야 할까요?

A 대통령 각하, 이렇게 뵙게 되어 영광입니다. 대통령께서 전에

'개헌은 국정을 빨아들이는 블랙홀'이라고 하신 적이 있지 않

습니까? 지금이 그 블랙홀을 쏠 적기입니다.

그로부터 3주 뒤, 텔레비전에서는 개헌을 한다는 대통령의

말씀이 흘러나오고 있었다. 갑자기 섬뜩한 생각이 들었다. 어

쩌면 다시는 그 지인을 만나지 못할 것 같다는 생각이…….

그런데 읽는 내내 궁금했던 게 있다. GH는 뭐의 약자일까?

그 친구의 이름은 TM인데, GH는 도대체 무얼까? 그건 잘

모르겠지만, 우리나라가 '개 같은 한국'이라는 건 확실한 것

같다. 가만, 개(G) 같은 한국(H)이라니. (2016. 10. 26.)

한국비정규노동센터
WorkingVoice

비정규노동자가
지 켜 보 고
있 습 니 다

"모두가 함께 살기위해 **최저임금은 대폭인상**

/

야당다운
야당이
없다

2016년 9월 24일, 국회는 김재수 농림축산식품부 장관에 대한 해임안을 통과시켰다. 새누리당 의원들이 불참한 가운데 더불어민주당과 국민의당 등 170명의 의원이 참석해 160명이 찬성표를 던졌다. 이 결정이 나는 못내 아쉽다. 이로 인해 이득을 본 곳이 없기 때문이다.

먼저 대통령을 보자. 박근혜 대통령은 이 사안에 대해 거부권을 행사했다. 지극히 당연한 조치였다. 대통령은 평소 국회의 견제를 국가의 효율성을 떨어뜨리는 행위로 간주하고, 지는 것을 누구보다도 싫어하는 분이니, 야당한테 끌려

다녀선 안 된다는 생각을 했을 법하다. 그렇긴 해도 대통령은 패자다. 대통령의 비판자들이 주장하는 '불통 대통령'의 이미지가 재확인된 셈이니 말이다. 국회의 결정대로 김재수 장관을 해임했다면 당장은 체면을 구기겠지만, 대통령에 대한 평가가 조금은 달라지지 않았을까? 대통령은 "비상시국에 해임건의안이 통과돼 유감이다"라고 말한 바 있는데, 아무리 생각해도 박근혜 대통령이 대통령을 하는 것보다 큰 비상시국은 없는 듯하다.

새누리당 역시 패자다. 국회 안에서 싸우는 대신 퇴장해버림으로써 해임안이 통과되는 걸 방치했으니 말이다. 그 이후 국회의장을 물고 늘어지고, 국정감사도 전면거부한다고 하는데, 이건 국정에 책임을 져야 할 집권여당의 모습으로 보이지 않는다. 특히 이정현 대표의 단식은 번지수가 틀렸다. 단식이라는 건 아무도 자기 말을 들어주지 않을 때 하는, 즉 약자가 마지막으로 선택하는 방법일진대, 집권당 대표가 단식을 하고 있으니 어이가 없지 않은가? 게다가 이정현 대표는 체형상 한 끼라도 굶는 것이 매우 치명적으로 보이는데, 도대체 며칠이나 버틸 수 있을지 모르겠다.

하지만 가장 큰 패자는 이번 결정의 주체인 더불어민주당이다. 더불어민주당은 2016년 4월 치러진 총선에서 가장 많은 국회의원을 당선시켰다. 더불어민주당이 잘해서였을까? 그렇지 않다. 총선 전까지 더불어민주당은 '지리멸렬'이란 단어가 어울릴 정도로 제대로 된 제1야당의 모습을 보여주지 못했다. 게다가 총선을 앞두고 국민의당과 분열되기까지 해서 총선에서 참패할 거라는 여론이 대세였다. 이랬던 더불어민주당이 원내 제1당이 되었다면, 승리감에 도취되기보다는 수권정당의 모습을 보임으로써 다가온 대선에 대비하는 게 맞다. 그런데 더불어민주당이 택한 것은 대통령이 추천한 장관의 해임이었다. 이게 산적한 다른 사안을 제쳐놓고 처리해야 할 만큼 시급한 일이었을까?

물론 김재수 장관은 도덕성 면에서 흠결이 있다. 하지만 초저금리로 대출을 받고, 1억 9,000만 원의 전세금으로 7년간 거주한 것이 다른 장관들에 비해 특별히 더 나쁘다고 생각되진 않는다. 이전에 농림축산식품부 장관을 했던 이동필은 17개에 달하는 사외이사와 비상임이사를 겸직했고, 병역을 회피했다는 의혹이 있었다. 이전 장관인 서용규는 쌀 직불금을 수령해 사과한 바 있다. 되도록 깨끗한 사람이 장관이 된다면 좋겠지만, 비리 의혹에서 완전히 자유로운 사람을 찾는 건 쉬운 일이 아니다. 비슷한 분들끼리 어울리는 법이다. 능력도 있는 데다 청렴하기까지 한 사람이 왜 대통령

곁에 있겠는가? 매사 이런 식이면 마땅한 후임이 없어서, 경질해야 마땅한 공직자가 계속 업무를 수행하는 일이 벌어질 수도 있지 않을까?

이런 점들을 감안해보면 더불어민주당의 이번 해임안 통과는 자신들의 힘을 보여줌으로써 여당을 압박하자는 의도가 있었던 것 같다. 이 의도가 들어맞으려면 앞으로 새누리당이 '야당이 정말 세구나! 이제 말 잘 들을게'라고 해야 하지만, 그간의 행태로 보아 새누리당이 그럴 확률은 거의 없어 보이니, 남는 것은 끝이 보이지 않는 정국 경색뿐이고, 국민들은 더불어민주당에도 이 책임을 물을 것이다.

"큰 힘에는 큰 책임이 따른다." 영화 〈스파이더맨〉에 나오는 대사다. 아무리 잘 드는 칼이 있다고 해도 닥치는 대로 베고 다니기보단, 꼭 필요할 때 한 번 칼질을 해야 한다는 의미이리라. 아무리 봐도 더불어민주당의 이번 칼질이 '꼭 필요할 때'는 아닌 것 같다. 12년 전, 한나라당과 민주당은 노무현 대통령에 대한 탄핵안을 가결시켰다. 기자회견에서 "국민들이 총선에서 열린우리당을 압도적으로 지지해줄 것을 기대한다"고 발언한 것이 대통령의 선거 중립 의무를 위반했다는 것이다. 이게 대통령이 탄핵될 만한 사안인지 이해할 사람은 그다지 많지 않았지만, 탄핵안을 발의한 것은 한나라당과 노무현 대통령의 적으로 돌변한 민주당의 의석 수를 합치면 탄핵안 통과의 기준인 재적의원의 3분의 2를 넘어섰기 때문이다.

결국 탄핵안은 통과되었지만, 이에 대한 국민적 반발로 인해 한나라당은 그해 있었던 총선에서 원내 제2당으로 전락했고, 탄핵안을 주도했던 민주당은 당의 존립조차 위태로울 정도로 참패한다. 이번 해임안 통과가 영향력 면에서 대통령 탄핵에 비교될 수는 없겠지만, 그 이면에 다수당의 오만함이 내재되었다는 점에서는 다를 바 없다. 자신의 힘을 보이는 일은 이 정도로 하고, 남은 기간만큼은 제대로 된 제1 야당의 모습을 보여주기 바란다. 시간이 그리 많은 것도 아니잖은가. (2016. 9. 28.)

/

정치에도
정년을
도입하자

"총력전이다." 프로야구 한화의
김성근 감독은 지난 4일 경기에 앞서 남은 경기에서는 승리
를 위해 모든 것을 쏟아붓겠다고 선언했다. 하지만 이 말을
들은 야구팬들은 고개를 갸웃거렸다. 한화는 시즌 첫 경기
부터 한국시리즈를 하는 심정으로 총력전을 펼쳐왔기 때문
이다. 선발투수가 조금만 흔들리면 강판시켰고, 믿을 수 있
는 구원투수들이 남은 경기를 책임졌다.

그러다 보니 한화는 구원투수들이 거의 매일 나와야 했다.
전날 선발투수로 나온 선수가 다음날 구원으로 던지기도 했
고, 그 반대의 경우도 허다했다. 이렇게 달렸다면 성적이라

도 좋아야 할 텐데, 한화의 성적은 10개 팀 중 7위다. 한화 팬들이 김성근 감독을 모셔올 때 오매불망했던 가을야구는 올해도 물 건너간 듯하다. 더 암담한 일은 부상 선수의 속출이다. 사람의 팔이 고무가 아닌 한, 매일 던지다 보면 탈이 날 수밖에. 한마디로 한화는 현재와 더불어 미래도 잃어버렸다.

왜 이런 일이 생겼을까? 김성근 감독은 1942년생, 우리 나이로 75세다. 그가 처음 감독으로 데뷔한 1984년은 프로야구가 생긴 지 3년째에 접어든 시점이었다. 당시에는 지금으로 봐서는 말도 안 되는 혹사가 심심치 않게 일어났다. 지금 김성근 감독이 보여주는 야구는 그러니까 30년 전이라면 전혀 이상하지 않을지도 모른다. 하지만 그사이 우리나라 야구는 크게 발전했고, 감독들은 물론 팬들도 선수를 혹사시켜 승리를 거두는 것이 당장은 이익이 될지언정, 길게 봐서는 팀에 해를 끼친다는 것을 잘 알게 되었다.

2015년, 49세에 두산의 지휘봉을 잡은 김태형 감독이 기존 선수의 혹사 대신 새로운 신인들을 발굴해 한국시리즈에서 팀을 15년 만에 우승시켰고, 비슷한 나이의 염경엽 넥센 감독도 혹사 없는 운영으로 전력이 약해진 넥센을 3위로 이끌고 있다. 혹사가 장기적으로 해가 된다는 사실을 모르는

분은 단 한 명, 바로 김성근 감독이다. 전문가들과 기자, 팬

들이 혹사에 대해 목소리를 높여도 그에게는 '소귀에 경 읽기'다. 혹사로 인해 부상을 당한 선수가 생겨도 그는 그걸 선수의 책임으로 돌린다. 과거에 집착하고 남의 말도 듣지 않는 것, 이건 그가 75세의 고령이라는 사실과 무관하지 않을 듯하다.

김성근 감독이 감독을 시작한 1980년대, 우리나라 정치판은 혼탁 그 자체였다. 그 당시에는 국가안전기획부를 이용한 공작정치가 당연시되었고, 마음에 안 드는 사람은 잡아다가 고문하는 사건이 일상적으로 일어났다. 언론사마다 국가안전기획부 직원이 상주하며 기사를 검열했고, 관제야당이 만들어지기까지 했으니, 제대로 된 정치가 자리 잡기는 어려웠다. 대학생들이 거리로 나서 돌을 던진 것은 시대상황으로 보아 당연한 일이었다. 그로부터 30여 년의 시간이 흘렀지만, 우리 정치는 여전히 후진성을 면치 못하고 있다. 이유가 무엇일까? 40대 감독이 심심치 않게 등장하는 야구와 달리 정치판에서 권력을 쥔 분들이 고령인 것도 한 요인이리라.

대통령을 보자. 57세에 취임한 노무현 전 대통령을 제외하면, 사회의 일반적인 정년 기준인 60세 이전에 대통령이

된 분은 한 명도 없다. 김영삼 전 대통령은 68세, 김대중 전 대통령은 75세, 이명박 전 대통령은 68세, 박근혜 대통령은 63세에 대통령이 되었다. 이들은 정당을 자신의 하수인쯤으로 여겼으며, 경제를 살린다는 명목으로 강바닥을 파는 등 경제의 발목을 잡는 일을 스스럼없이 했다.

정보기관의 공작정치는 여전했다. 정치가 사회적 갈등을 푸는 역할을 못하다 보니 지역간, 세대간, 남녀간 대립은 이전보다 심해졌다. 나이 든 분들이 젊은이들에게 관심을 덜 갖게 마련이라, 청년들의 삶은 하루가 다르게 피폐해졌고, 그들은 대한민국을 '헬조선'이라고 부르기 시작했다. 이분들 중엔 젊을 때 당선이 되었다면 더 크게 나라를 말아먹었을 분도 계시지만, 40대 후반에 대통령이 된 버락 오바마나 빌 클린턴이 미국에 새바람을 일으키는 광경은 부러움을 사기에 충분했다.

드디어 대통령 선거가 열린다. '드디어'라고 한 것은 1980년대에서 더 퇴행해 1970년대에서나 보던 일들이 일어나던 현 시대가 드디어 종언을 고하기 때문이다. 하지만 유력 대통령 후보의 나이를 보면 다음 대통령이라고 해서 우리 사회에 새바람을 일으킬 수 있을지 회의적이다. 문재인 전 더불어민주당 대표는 64세이고, 김무성 전 새누리당 대표는

66세다. 현재 지지율 1위를 달리는 반기문 유엔 사무총장은 73세이고, 박원순 서울시장은 61세다. 국민의당 안철수 전 대표가 55세로 비교적 젊지만, 지나치게 말을 아끼는 등 행동하는 모습을 보면 다른 후보와 별 차이를 느낄 수 없다.

대선까지 남은 기간은 1년 3개월 남짓, 이 기간 중 새로운 후보가 돌풍을 일으킬 확률은 별로 없어 보인다. 이를 타개하기 위해서는 30대에 국회에 입성해 훌륭한 활동을 한 김광진 전 의원 같은 분들이 국회에 많이 들어와야 하지만, 20~30대 의원은 단 3명으로, 제19대 국회보다 훨씬 적어졌다. 정치권의 고령화 타개가 저절로 이루어지지는 않을 터. 이젠 정치에 정년을 도입하는 문제를 검토할 때다. 나이 든 사람들끼리 작당해 전리품을 나눠 갖는 정치는 그만 보고 싶다. (2016. 9. 7.)

/

사드
배치
시나리오

"좀 무리한 요구 같네요."록히드
마틴사의 길버트(가명)는 두 손으로 머리를 감싸쥐었다. "탄
도미사일을 대기권 바깥에서 요격하는 무기를 만들라니, 그
게 말이 됩니까? 좀더 가까운 곳에서 쏘는 패트리어트미사
일도 명중률이 낮다고 욕먹는 판인데." 하지만 길버트가 반
대하는 이유는 따로 있었다. 바로 수익성이었다. 그 무기를
애써 만들었다고 해보자. 그걸 어디다 팔아먹겠는가? 미국
과 괌 등 몇 군데 설치해보았자 겨우 본전이나 뽑을지 회의
적이었다. 그 말을 들은 정부 관료는 슬며시 미소를 지었다.
"그건 걱정 마세요. 일본도 있고, 우리의 영원한 보루 한국

이 있으니까요."

"한국이라고요?"

길버트는 놀라서 자리에서 일어났다.

"거긴 국토도 좁은데다 산이 많아서 이런 무기가 적합하지 않은데……."

관료가 정색을 하고 말했다.

"그건 제가 책임질 테니, 당신은 요격무기나 만들어요."

그로부터 20년이 지난 2016년 어느 날, 길버트는 기분이 좋았다. 사장이 호출을 해서 가보았더니 그동안 수고했다는 말과 함께 두툼한 보너스를 부상으로 주는 게 아닌가? 예상을 못한 건 아니지만 액수가 상상을 뛰어넘었다. 가슴에 든 수표의 무게를 느끼며 길버트는 잠시 회상에 젖어들었다.

고고도미사일방어체계, 일명 사드THAAD는 많은 난항을 거치며 완성되었다. 한때 프로젝트 자체가 중단될 위기에 처한 적도 있었지만, 2000년대 들어서 제법 괜찮은 요격률을 보이면서 기사회생했다. 문제는 이걸 몇 대나 팔 수 있느냐 하는 점이었다. 사드가 수익을 내기 위해서는 한국 배치가 필수적이었다. 하지만 여기에는 몇 가지 걸림돌이 있었다.

첫째, 사드는 한국인들 절반 이상이 사는 수도권을 방어해주지 못했다. 많은 돈을 들여가며 사드를 배치한다면 수도권 방어 정도는 해주어야 맞는데, 이게 안 된다면 뭐 하러 사드를 들여오겠는가? 둘째, 사드와 같이 설치되는 레이더에서는 엄청난 양의 전자파가 나오기 마련이다. 국토가 넓은 미국이야 별 문제가 안 되지만, 손바닥만 한 한국 땅에서 사드를 설치할 만한, 사람이 살지 않는 공간이 나올지 의문이었다. 셋째, 중국은 한국에 사드를 배치하는 게 자신에 대한 위협이라고, 가만두지 않겠다고 말했다. 한국이 과연 이런 걸림돌이 있음에도 사드를 들여올지 길버트는 영 회의적이었다.

한국에 사드를 배치한다는 조약이 성사되었을 때, 누구보다 놀란 사람은 당연히 길버트였다. 한국인들은 도대체 어떤 생각을 갖고 사는 사람들일지 진심으로 궁금했다. 듣자 하니 사드에서 전자파가 거의 나오지 않는다고 구라를 쳤으며, 수도권 방어가 안 된다는 사실은 되도록 쉬쉬했단다. 여론조사 결과도 충격적이었다. 사드 배치에 찬성하는 사람이 훨씬 더 많았던 것이다. 게다가 그 나라는 국가안보를 위해서는 일부 반대 여론 따위는 무시해도 된다는 생각이 팽배해 있었다. 신기한 것은 여론조사에 임하는 국민들의 상당수가 사드에 대해 제대로 모르고 있었다는 점이다.

모 포털사이트에 올라온 다음 글을 보면서 길버트는 킥킥

웃었다. "서울 한복판에 미사일 떨어지면 중국, 러시아가 책임지나? 시간 끌지 말고 지금 당장 설치해야 된다." 이런 글이 3,000개가 넘는 추천수를 받은 걸 보면, 1대가 아니라 10대도 팔 수 있을 것 같았다. 물론 마지막 문제는 결코 쉽지 않았다. 한국은 경제의 상당 부분을 중국에 의존하고 있었으니까. 세상에 어느 나라가 경제적 타격을 감수하고 별 필요도 없는 무기를 들여오겠는가? 하지만 한국은 자신의 이익보다 미국의 이익을 챙기는 나라였고, 결국 한반도 남쪽 성주에 사드가 배치되는 것으로 결론이 났다. 발표가 났을 때 해당 지역 사람들이 반발하기도 했지만, 법대로 한다고 하니 금방 꼬리를 내렸다. 주머니 속의 수표를 만지작거리며 길버트는 생각했다. 한국 같은 나라가 하나만 더 있으면 얼마나 좋을까 하고. (2016. 7. 22.)

/

생각 없는
투표는
위험하다

경제학자가 내놓는 예측은 여간 해선 들어맞는 법이 없다. 전혀 예상치 못한 일이 벌어지는 것도 한 이유지만, 경제 주체들이 꼭 합리적인 선택을 하지 않는다는 게 더 큰 이유다. 예컨대 어느 가정에서 적자가 늘어나면 씀씀이를 줄이든지, 야근이라도 해서 적자를 줄이려고 노력한다. 이건 지극히 당연한 일이어서 경제학을 동원할 필요도 없다. 그런데 그런 생각을 하기는커녕 계속 은행에서 빚을 당겨쓴다면? 실제 이런 나라가 있다. 눈치 빠른 분들은 알겠지만 그 나라는 우리나라로, 대통령은 세금을 올리지 않는다는 자신의 공약을 지키기 위해 늘어나는 재정적자를 바라만 보고 있는 중이다. 우리나라가 경제 예측이 유난히 안 맞는 나라인 건 이렇듯 '비합리'라고 표현하기도 어이없는 선택들이 쌓인 결과다.

정치에서도 비슷한 상황이 벌어진다. 누가 봐도 모자란 후보가 비교적 괜찮은 후보를 꺾고 당선되는 일이 번번이 일어난다. 이건 다 투표를 하는 주체들이 합리적인 선택을 하지 않기 때문이다. 투표 결과만 보면 유권자들이 일부러 나라를 망치기로 작정한 것 같은데, 이야기를 들어보면 꼭 그런 것만은 아니란다. 그들의 항변이다. "이런 사람인 줄 나도 몰랐다." 물론 헷갈릴 수는 있다. 양쪽 후보 모두 좋은 나라를 만들겠다고 목소리를 높이니 말이다. 여기서 따져봐야 할 것은 그 후보가 지난날 어떤 삶을 살았는지, 평상시 소신은 어떤 것인지 등등이다.

예를 들어 복지를 하려고 할 때마다 '빨갱이'라며 거품을 물고 반대하던 이가 갑자기 "모든 노인에게 20만 원씩 기초연금을 지급한다", "4대 중증 질환의 진료비를 국가가 부담하겠다", "무상보육을 실시하겠다" 같은 공약을 남발한다면, 이건 단순히 표를 얻기 위한 것일 뿐 진심은 아닐 확률이 높다. 그러니 정말 복지 확대가 필요하다면 그 후보에게 표를 던져선 안 되지만, 결국 당선되는 건 그런 후보다. 한두 번이면 몰라도 매번 "속았다"를 되풀이하는 건 유권자의 판단력에 문제가 있다고 봐야 하지 않을까?

이런 의심에는 나름의 근거가 있다. 예를 들어 현 정부의 업적으로 칭송되는 개성공단 폐쇄를 보자. 남북한 상황에 관계없이 개성공단은 유지한다는 약속을 어긴 건 둘째치고, 그게 과연 누구에게 이득을 가져다준 것일까? 국내 최고의 개성공단 전문가 김진향이 쓴 『개성공단 사람들』을 보면 이런 구절이 나온다. "개성공단은 퍼주기다? 아니다. 북측에 비해 오히려 우리가 몇 배는 더 많이 퍼오는 곳이다. 매년 1억 달러에도 못 미치는 금액을 투자해서 최소 15억~30억 달러 이상의 가치를 생산하고 가져오는 곳이다."

2013년 개성공단이 중단되었을 때 대체할 만한 곳을 찾던 기업들이 "해외 어디를 가봐도 개성공단만큼 경쟁력을 가진 곳은 없다"라고 했단다. 개성공단의 수익이 미사일 개발에 쓰인다는 게 직접적인 폐쇄 이유지만, 개성공단에서 북한 근로자들이 받는 임금은 월 15만 원에 불과하고, 이들이 중동에서 받는 임금이 1,000달러임을 감안하면 이 조치가 북한에 얼마나 타격을 주었는지 의문스럽다. 우리 기업들만 일방적으로 손해를 본 이 자해적 조치에 찬성하는 비율이 50.7퍼센트로 반대(41.2퍼센트)보다 높았고, 대구경북 지역의 찬성률은 71.9퍼센트였다. 정말 궁금하다. 이분들은 노무현 전 대통령이 개성공단을 폐쇄했어도 같은 대답을 했을까?

사드도 마찬가지다. 북한이 미사일을 쏘면 그 미사일을 요격해 우리 국민과 시설을 보호한다는 게 바로 사드의 배치 이유다. 저 멀리 바다를 건너 날아온 미사일이면 모를까, 코앞에 있는 북한이 쏜 미사일을 사드가 지켜준다는 건 어불성설이다. 게다가 사드를 배치하면 중국이 수단과 방법을 가리지 않고 제재를 가한다는데, 그럼에도 국민의 67.1퍼센트가 찬성했고, 반대는 26.2퍼센트에 그쳤다. '사드'에 대해 아무것도 모르는 사람들에게 물으니 이런 결과가 나올 수밖에 없는데, 이런 분들이 모여서 내는 목소리에 기대어 "국민 여론이 사드를 더 찬성하고 있다"고 우겨도 되는지 의문이다.

4월 13일, 제20대 국회의원 선거가 실시된다. 선거 때마다 투표하자는 캠페인이 펼쳐지고 있다. 이런 무조건적인 투표 독려는 괜찮은 걸까? 유권자들이 정보를 찾아보고 투표한다면 모르겠지만, 우리 동네에 누가 나왔는지도 모르는 사람에게 투표를 강요하는 게 의미가 있을까? 투표를 하기 전에 각 정당의 정책과 후보자를 꼼꼼히 살펴보고 찍을 후보를 정하자. 그 정도 노력을 할 만한 여건이 안 된다면 차라리 투표하지 않는 것도 괜찮다. 생각 없는 투표는 나라를 산으로 끌고 갈 수 있다는 점에서 정치에 대한 무관심보다 위험하니까. 투표 독려 캠페인 덕분에 투표율이 이전에 비해 10퍼센트 이상 올라갔던 2012년 대선을 떠올려보자. 그 대선 이후 이 나라는 산으로 가고 있는 중이다. (2016. 4. 6.)

애국보수의
각성을
기대한다

　　　　　　　　　　"한 사람을 오랫동안 속일 수도
있고, 많은 사람을 잠깐 속일 수도 있지만, 많은 사람을 오랫
동안 속일 수는 없다." 당연해 보이는 말이지만, 최소한 우
리나라에선 전혀 들어맞지 않는다. 사람들, 특히 애국보수
세력은 자기가 믿고 싶은 것만 믿고, 판결이 자기 믿음과 다
르게 나온다 해도 믿음을 저버리지 않는 모양이다. 박원순
서울시장의 아들 박주신의 병역 비리 의혹이 대표적이다.
박주신은 허리디스크로 4급 판정을 받았는데, 그 MRI가 가
짜라는 게 그들의 주장이다. 논란이 확산되자 서울 세브란
스병원에서 공개 검증을 받았지만 그들은 아랑곳하지 않고

의혹을 확대재생산하고 있다. 이 과정에서 드러난 애국보수의 클래스를 살펴보자.

첫째, 그들은 박주신이 병역면제를 받았다고 주장한다. 심지어 박원순 시장의 아버지-박원순 시장-박주신 이렇게 3대가 병역면제라고 하기도 한다. 정말일까? 박원순 시장 아버지는 일제시대에 살았고, 박원순 시장은 부선망독자라고, 아버지가 먼저 돌아가신 독자라 8개월 방위로 병역을 해결했다. 문제의 박주신은 신체검사를 받은 후 공익근무요원으로 복무했는데, 공익요원을 보고 면제라고 하는 사람은 애국보수 세력이 유일하다. 그런데 그분들에게 남는 건 시간, 3대가 면제라고 인터넷에 도배를 어찌나 해대는지 그게 진짜인 줄 아는 분들이 생겨나고 있다. 특정인을 비판하기 위해 거짓말을 동원하는 건, 사실을 가지고 깔 게 없기 때문이 아닐까?

둘째, 박주신의 비리 의혹을 제기한 분은 부산 동남권원자력의학원에 근무하는 의사 양승오다. 그는 애국보수 세력에서 "영상의학 최고의 전문가"로 여겨지고, 이건 '동남권'이란 이름 때문에 빚어진 듯한데, 심지어 "아시아 최고의 명의"라고 칭하는 분들도 있다. 자료를 검색해본 결과 논문이 많은 것도 아니고, 수도권에 사는 환자가 그를 만나기 위해 부산까지 가는 것 같지도 않은데, 그가 왜 최고의 전문가가 되는 것일까? EBS 〈명의〉 팀은 왜 그분을 놔둔 채 세브란스 병원의 정태섭 교수를 촬영한 것일까? 아무래도 그들에게 명의란 좌파를 까는 의사인 듯하다.

셋째, 2월 17일 서울중앙지법은 양승오의 주장이 허위라면서 1,500만 원의 벌금형을 선고했다. 그러자 그들은 판사를 욕한다. 판사가 좌파이며, 서울시장의 권력에 매수당했다고 한다. 또한 다음과 같은 주장을 하기도 한다. "의학 관련 문제에 대해 당대 최고 권위 전문의와 판사 중 누가 더 잘 알고 있을까요?" 야당 정치인인 박원순 시장의 권력이 집권당의 그것을 능가한다는 그들의 망상도 놀랍지만, 허위사실 유포에 관한 재판을 '의학 관련 문제'라고 단정짓는 창의성은 절로 고개가 수그러지게 만든다. 그런 논리라면 내가 "애국보수들은 뇌에 기생충을 가지고 있다"고 떠들어대도 판사는 판결을 내리지 못할 것이다. 기생충에 대해선 내가 판사들보다 훨씬 잘 아니까.

넷째, 창의성의 결정체는 박주신의 공개 검증이었다. 2012년 박주신은 병원 관계자와 기자들이 참석한 가운데 MRI를 다시 찍었다. 정상적인 사고를 가진 이들은 즉시 사과를 했지만, 애국보수 세력은 물러서지 않았다. MRI가 바꿔치기되었다는 것이다. 그 옆방에서 다른 사람이 MRI를 찍고 그 사진이 박주신의 것으로 둔갑했다는데, 그 사람이 어디 사는 누구인지는 지금까지도 알려진 바가 없다. 신기한 점은 그들이 여전히 박주신의 공개 신체검사를 요구하고 있다는 사실이다. 의사들이 보고 있는데도 MRI 바꿔치기가 가능하다면, 10번을 찍든 100번을 찍든 아무 의미가 없다. 그렇다면 그들이 영국에 있다는 박주신을 소환하려는 진짜 이유는 그냥 박주신이 보고 싶어서가 아닐까? 좋으면 너희들이 가는 방법도 있다.

다섯째, 그들은 1997년 한나라당 이회창 후보의 아들이 공개 신체검사로 모든 의혹을 해소했다면서 박원순 시장을 비난한다. 이건 사실일까? 물론 아니다. 이회창 후보에겐 아들이 둘 있었는데, 둘 다 체중 미달로 병역이 면제되었다. 특히 첫째는 179센티미터에 45킬로그램이라는 드문 체형이어서 의혹을 한 몸에 받았는데, 대선 직전 서울대병원에 나타난 이는 첫째가 아니라 둘째 아들이었고, 그나마도 키만 측정하고 몸무게는 재지 않았다. 이회창 후보가 두 번이나 대통령 선거에서 떨어진 건 이 의혹이 해소되지 않았기 때문인데, 이 정도가 애국보수에게 '의혹 해소'라면, 공개 검증에 응한 박주신은 '의혹 완전말끔대박정리'가 되어야 마땅하다.

결론적으로 말해 애국보수 세력은 그 투철한 애국심을 엉뚱한 곳에 낭비하고 있다. 물론 달리 할 일이 없어 그러는 건 알지만, 안타깝다. 애국보수라는 좋은 단어가 웃음거리가 되고 있으니 말이다. 이제 박원순 시장 아들은 놔주고 다른 곳에 관심을 쏟으시라. 국가부채라든지, 김무성 의원의 병역 의혹, 물고기 떼죽음 등등 애국보수의 관심이 필요한 일들은 도처에 있다. 애국보수의 각성을 기다린다. (2016. 2. 24.)

/

보수의
천국

　　　　　　　　"1919년, 나는 직접 만든 태극기
를 사람들에게 나누어주고 체포되었습니다." 교육부가 만든
국정교과서 홍보 광고는 유관순 열사의 관점에서 3·1운동
을 소개하며 시작된다. 부모님이 일본 헌병에게 피살된 이
야기와 서대문형무소에서 매질과 고문을 당한 이야기가 이
어지더니, 갑자기 배경음악이 꺼지고 한 여학생이 뚱한 표
정으로 다음과 같이 말한다. "나는 당신을 모릅니다." 검정
제인 지금의 역사교과서에 유관순의 이름과 사진이 나오지
않는다는 뜻이다. 이 광고는 "우리 아이들을 위해 올바른 교
과서를 만들겠다"는 다짐으로 끝난다.

광고를 보면 볼수록 정말 잘 만들었다 싶다. 독립운동의 상징이라 할 유관순을 동원한 것도 훌륭한 전략이지만, 자신들의 약점을 국정교과서의 정당성을 홍보하는 수단으로 사용하는 데는 그저 감탄만 나온다.

대통령이 갑자기 교과서를 국정화하는 이유는 추측하건 대 아버지의 과오를 미화하기 위함이다. 일제강점기에 일본 군에 자원해 일본을 위해 싸운 분을 위대한 대통령으로 밀기는 좀 부담스럽다. 비단 박정희 대통령 말고도 우리나라 보수세력이 추종하는 분들은 대개 친일의 경력이 있는지라, 뉴라이트를 중심으로 하는 보수세력은 우리나라의 건국 시점을 임시정부가 수립된 1919년 대신 1948년 정부수립으로 하려고 한다. 그래야 친일파들에게 면죄부를 줄 수 있고, 이승만은 건국의 아버지가 되니 말이다.

『친일인명사전』을 각 학교에 배포하는 것에 불편한 심기를 내비칠 정도로 친일에 관대한 보수세력이 '독립운동을 위해 애쓴 이를 잊지 않겠다'며 유관순을 전면에 내세웠으니, 기가 막히지 않는가? '유관순에 대해 초등학교에서 다 배워서 넣지 않았다'는 진보 측의 말이 치졸한 변명으로 느껴질 수밖에.

'김일성 주체사상을 아이들이 배우고 있다'는 식의 선동도 기가 막힌다. 실제 교과서에서 북한 관련 내용은 거의 없다시피 하고, 주체사상도 비판적으로 기술되어 있지만, 저런 선동을 하는 것은 실제로 교과서를 훑어보며 그 말이 맞는지 확인해볼 사람이 거의 없다는 걸 잘 알기 때문이다. 진보세력이 뒤늦게 "사실과 다르다"고 우겨보았지만, 이미 기선을 제압당한 뒤라 뒷북에 그친다. 비단 요즘만의 일은 아니다. 노무현 정부 시절 종합부동산세(종부세)가 부과되었을 때 보수언론은 '세금 폭탄'이란 용어를 쓰며 반대를 표시했다.

종부세가 상당액 이상의 재산을 가진 사람에게만 부과될 뿐 서민과는 전혀 관계가 없었지만, 그 표현은 종부세에 대한 부정적인 느낌을 심어주는 데 성공했다. 사람들의 구미를 끌어당기는 선동에 능하다는 것, 앞으로도 보수의 시대가 계속될 것 같은 이유다.

영악한 전략도 전략이지만, 보수의 시대가 도래하게 된 건 콘크리트 같은 지지층의 힘이 크다. 더 무서운 건 이 지지층 중 상당수가 아무 생각이 없다는 점이다. 예를 들어보자. 며칠 전 발표된 국정교과서 여론조사 결과 반대가 52.6퍼센트, 찬성이 42.8퍼센트였다. 반대가 더 많긴 하지만, 시대착오적인 역사교과서 국정화에 40퍼센트가 넘는 이들이 찬성한 게 더 불가사의다. 아마도 이들은 역사교과서 국정화를 문재인이 주도했다면 가스통을 들고 거리로 나와 반대시위를 했으리라.

노무현 대통령 시절을 생각해보자. 보수는 당연히 노무현을 물어뜯었지만, 노무현 대통령에 대한 진보세력의 비판도 만만치 않았다. 2006년 노무현 대통령의 국정수행 지지도가 12퍼센트대까지 떨어진 것도 진보세력이 개인적 호불호를 떠나 '대통령직을 잘 수행하고 있는가?'만을 기준으로 삼았기 때문이다. 반면 보수층은 그런 생각 자체가 없다. 국정수행 지지도를 무슨 대선 투표 정도로 아는지라 대통령이 아무리 삽질로 일관해도 무조건 '잘한다'를 선택한다. 박근혜 대통령의 지지율이 늘 50퍼센트에 육박하는 것은 바로 그 이유다. 정치라는 게 원래 지지층을 빼앗아오는 게임일진대, 생각 자체가 없으니 이들을 설득하는 것은 거의 불가능에 가깝다. 진중권 교수가 다음과 같이 한탄한 것도 이해가 된다. "말을 해도 알아듣지 못하니 이길 수가 없다."

세상에 많은 대통령이 있겠지만, 박근혜 대통령만큼 행복한 대통령은 드물 것 같다. 하고 싶은 걸 지시만 하면 참모들이 신출귀몰한 전략을 짜주고, 콘크리트 지지층은 그게 자신들의 이익과 상충될지언정 열정적으로 옹호해준다. 아무리 삽질을 해도 선거는 다 이기기까지 하니, 얼마나 좋은

가? 이건 비단 박근혜 대통령뿐 아니라 앞으로 대통령이 될 보수인사들에게도 해당되는바, 다음과 같이 말할 수 있겠다.

대한민국, 보수 대통령의 천국. (2015. 11. 11.)

/

어르신들을
쉬게
해드리자

서울에 일이 있어 여의도에 갔다
가 나이 드신 분들(이하 어르신)이 플래카드를 들고 시위하
는 모습을 보았다. 종북 세력을 규탄하는 내용이었는데, 그
때 든 생각은 '날도 더운데 고생이 많으시구나'였다. 갑자기
2012년 대선 투표 때의 일이 떠올랐다. 투표를 마치고 근처
공원에 놀러 갈 생각에 아침 일찍 투표장에 갔는데, 길게 줄
이 늘어서 있었다. 내가 사는 천안이 유난히 어르신이 많은
탓인지, 아니면 나이가 들수록 부지런해서 그런지, 그 대부
분은 어르신들이었다. 흰옷을 입은 채 차례를 기다리는 그
분들의 얼굴은 무료해 보였다.

선거 때마다 어르신들은 연령대별 투표율에서 늘 1,2위를 다툰다. 2012년 대선 때 60대 이상의 투표율은 80.9퍼센트로 전체 투표율을 가뿐히 넘겼고, 2014년 지방 선거에서도 70대 이상의 투표율은 67.3퍼센트로, 한창 팔팔한 20대의 48.4퍼센트에 비해 월등히 높았다. 어르신들은 왜 이렇게 투표를 열심히 하는 것일까? 여러 가지 이유가 있겠지만, 이분들이 국가가 부여한 의무에 헌신적이라는 게 가장 큰 이유일 것이다. 투표를 하는 것은 권리이기도 하지만 의무이기도 한데, 처벌이 뒤따라야 마지못해 의무를 다하는 젊은층과 달리 어르신들은 '의무'라고 하면 웬만해서는 지키려 하신다. 우리나라가 빠른 시간 안에 OECD에 가입한 것도 다 어르신들이 의무를 지키며 헌신한 결과였다.

그분들께 감사한 마음이 많지만, 한편으로는 마음이 짠하다. 그렇게 나라에 공헌하신 분들인데, 70세를 넘긴 뒤에도 계속적으로 선거를 통해 국가에 기여하라고 강요하는 게 과연 옳은 것인지 의문이 들어서다. 나이가 들면 힘든 게 한두 가지가 아니다. 무릎연골이 다 닳아서 걸을 때마다 아프고, 계단을 오르내릴 때는 특히 통증이 심하다. 계단이 있는 투표소가 많다는 것을 감안하면 투표 몇 번 했다가 골병이 들 수도 있다.

또한 나이가 들면 눈이 침침해진다. 투표용지의 글씨가 안
보일 수 있고, 손이 떨려 투표용지의 테두리 안에 붓두껍을
찍는 데 실패하기도 한다(테두리에 닿으면 실격이다). 간혹 판
단력이 흐려지는 분도 계셔서, 지지하는 당의 기호가 몇 번
인지 헷갈리시는 분도 계시다. 얼마 전 친구 문병을 갔다가
만난 83세 할아버지는 대통령 담화를 텔레비전으로 보면서
이런 말씀을 하셨다. "박근혜 대통령이 말씀은 정말 잘하셔."

박근혜 대통령의 유일한 약점이 언변이 약하다는 것인데,
나이가 들다 보니 판단 기준이 뒤죽박죽된 것 같아 안타까
웠다. 정년이라는 제도를 만들어놓은 것도 이제 그만 일하
고 쉬시라는 취지라는 점에서, 생기는 것 하나 없는 선거의
의무를 계속 감당하게 놔두는 게 옳은지 중지를 모을 필요
가 있다.

19세 미만인 학생들을 생각해보자. 건국 이래 최고의 영
어 실력을 갖춘 그 아이들이 성인에 비해 판단력이 떨어진
다고 할 수 없고, 체력도 뛰어나 투표장이 5층에 있어도 하
등 상관이 없다. 그럼에도 그들에게 선거권을 부여하지 않는
것은 정치바람에 휩쓸리지 말고 공부에 전념하라는 취지다.
각 고등학교에 후보자들이 찾아가 자신을 찍어달라고 전단
지를 돌리고, 학생들이 야당과 여당으로 편을 나눠 패싸움이

라도 하는 광경을 상상해보라. 절로 고개를 젓게 된다.

그런데 왜 휴식이 필요한 어르신들을 정치싸움의 현장에 그대로 방치하는 걸까? 어르신들로 하여금 젊은이에게도 버거운 가스통을 들고 거리로 나가도록 떠미는 것은 효를 최고의 가치로 숭상했던 우리나라의 전통과도 맞지 않는다.

이런 우려가 나올 수는 있다. 어르신들이 투표권을 갖지 못하면 어르신들의 권리가 침해될 수 있다고. 하지만 그런 걱정은 쓸데없는 것이다. 선거 때마다 그분들이 선거권을 어느 쪽으로 행사했는지를 생각해보라. 어르신들은 노인복지를 우선시하는 후보보다는 22조 원을 들여 강바닥을 파거나, 법인세를 깎아주는 후보를 훨씬 더 선호했다. 자기 계층의 이익보다 국가발전을 우선시하는 분들이라니, 가슴이 뭉클해지지 않는가? 우리 어르신들은 그렇게 사심이 없는 분들이고, 그랬기 때문에 우리 후손들이 이만큼이나마 살게 된 것이다.

한 가닥 불안은 있을 수 있겠다. 어르신들의 '올바른' 선택이 종북 세력에서 이 나라를 구해준 원동력인데, 70대 이상이 선거에서 빠진다면 이 나라가 흔들릴 수도 있지 않을까 하는 불안이다. 단언컨대 그 걱정은 안 해도 될 듯하다. '일베'의 뛰어난 활약에서 보듯 우리 사회가 20대들을 워낙 잘

키운 덕분에 종북 세력이 과거만큼 지지를 받지 못하고 있는 중이니 말이다. 설사 종북 세력이 집권한다 한들, 메르스에 속수무책이고 지뢰 도발에도 북한에 대화를 구걸하는 현정부보다 못할 것 같지는 않다. 게다가 북한이 망하기라도 하면 종북 세력은 구심점을 잃고 쓰러질 수밖에 없다. 그러니 어르신들, 나라 걱정은 접고 투표날 마음 편히 쉬십시오. 물 좋은 온천도 많으니까요. (2015. 8. 19.)

/

'박빠'의
정신세계

국정원이 이탈리아에서 해킹 장비를 구입했다. 장비를 판매한 회사 직원의 말에 따르면 국정원은 자신들에게 "카카오톡 감청 기능을 추가해달라"고 부탁했다. 게다가 국정원은 2012년 대선 때 야당 후보를 비방하는 댓글을 다는 등 정치공작을 벌였던 전력이 있다. 사정이 이러니 여론조사 결과 "내국인 사찰도 했을 것"이라고 믿는 이가 52.9퍼센트 나온 것은 당연했다.

그런데 국정원 주장대로 "대테러나 대북공작 활동을 위해서만 해킹했을 것"이라고 응답한 분들도 26.9퍼센트나 되었다. 이분들은 어떻게 이럴 수 있을까? 그중 일부는 세상은

추호의 거짓도 없는 아름다운 곳이라고 생각하는 분들일 것
이다.

그래서 이분들은 한 번도 본 적 없는 기밀문서를 줄줄 외우는 것도 충분히 가능하다고 믿는다. 하지만 그건 어디까지나 일부일 뿐, 26.9퍼센트의 대부분은 자신의 소신보단 "내가 어떻게 답하면 박근혜 대통령에게 유리할까"를 생각하는 분들이다. 세상에선 이런 분들을 '박빠'라고 부른다. 메르스 사태 등 갖은 악재에도 대통령의 국정수행 지지도가 30퍼센트 이하로 내려가지 않는 것도 다 이분들 때문인데, 박빠들에게는 다음과 같은 특징이 있다.

첫째, 박근혜 대통령을 가련하게 여긴다. "가련한 대통령 좀 그만 흔들어라, 멍청한 남정네들아." 박빠들 사이에서 유행하는 문자의 첫 구절이다. 처음 이 구절을 보았을 때 나는 여기서 지칭하는 대통령이 박근혜 대통령은 아닌 줄 알았다. 행정부의 수반이며, 입법과 사법을 우습게 여기는 절대자를 '가련'하다고 표현할 사람은 최소한 우리나라에는 없다고 생각했으니까. 하지만 다음을 보라. "박 대통령, 잘하고 있습니다. 마음으로라도 응원을 보냅시다." 아이돌 그룹의 빠들이 자신들이 추종하는 연예인을 위대하다며 치켜세우는 것을 떠올려보면, 절대자를 가련한 존재로 승화시키는

박빠들은 확실히 특이한 존재다.

둘째, 노무현 전 대통령을 무소불위의 존재로 치켜세운다. "참 나쁜 대통령이다." 노무현 전 대통령의 재임 시절 박근혜 대통령이 한 말인데, 여기서 보듯 박근혜 대통령은 노무현 전 대통령을 싫어했다. 사정이 이렇다면 박빠들은 노무현 전 대통령을 깎아내려야 마땅하다. A가수의 팬이라면 라이벌인 B가수가 A가수보다 노래를 못한다고 하는 게 일반적인 경향이니까. 그런데 박빠들은 그 반대여서, 노무현 전 대통령의 능력을 과대평가한다. 뭔가가 잘 안 되면 죄다 노무현 탓으로 몰아붙인 게 한두 번이 아니다. 살아 계시다면 이야기가 다르지만, 돌아가신 지 6년이 지났음에도 여전히 그러고 있으니 정말 신기한 일이다. 일례로 성완종 전 경남기업 회장이 유력 정치인들에게 돈을 준, 소위 성완종 리스트가 문제가 되었을 때 박빠들의 논리는 "노무현이 대통령 재임 시절 성완종을 사면해서 박 대통령을 곤경에 빠뜨리고 있다"였다. 정치적 라이벌을 과대평가하는 빠라니, 정말 특이하지 않은가.

셋째, 계산에 약하다. 무상급식 이야기가 나올 때마다 박빠들은 '나라가 거덜난다'며 입에 거품을 물었다. 그 충정은 십분 이해하지만, 그토록 나라의 재정을 걱정한다면 박빠들이 먼저 대통령에게 기업의 법인세를 올리자고 이야기해야 맞다. 이명박 정부 때 시작된 감세 정책은 5년간 100조 원에 가까운 재정적자를 냈고, 그 기조를 그대로 유지한 현 정부에서는 135조 원의 적자가 날 것으로 예상된다. 무상급식 비용은 여기에 비하면 새 발의 피인데, 그럼에도 대통령은 법인세의 원상회복에 반대한다. 신기하게도 박빠들은 여기에 침묵으로 일관한다. 왜 그럴까? 나라를 걱정하는 그들의 충정이 거짓일 리는 없으니, 아마도 숫자 감각이 없는 게 그 이유이리라. 학생들에게 경고한다. 수학을 못하면 박빠가 될 확률이 높다.

박빠들 사이에서 유행하는 또 다른 문자는 박근혜 대통령의 업적을 나열하고 있다. 그런데 그들이 꼽는 첫 번째 업적은 "노무현의 한·미연합사 전작권 환수 무기 연기"였다. 모든 나라는 평화 시는 물론이고 전시에 독자적으로 작전을 수행할 권리를 갖는다. 어쩔 수 없이 미국에 양도하긴 했지만, 전작권은 우리가 주권국가로서 반드시 돌려받는 게 당연하다. 그런데 전작권 환수를 무기 연기한 게 박근혜 대통령의 첫 번째 업적이라니 그저 놀라울 뿐이다. 혹시 그들은 전작권의 개념을 잘 모르는 게 아닐까? 참고로 두 번째 업적은 전교조의 법외노조 통보인데, 아무리 내세울 업적이 없어도 그렇지, 이런 것들을 업적이라고 문자로 돌리고 있다는 게 참 안돼 보인다.

노무현 전 대통령을 지지했던 노사모는 대통령의 이라크 파병을 반대했고, 한·미 자유무역협정FTA에도 반대하는 등 비판할 점은 비판했다. 하지만 박빠는 박근혜 대통령의 뜻이라면 무조건 추종한다. 지금 박근혜 대통령이 나라를 산으로 끌고 가시는 건 물론 자신의 능력 탓이지만, 박빠의 무조건적인 지지도 여기에 한몫을 한다. 박빠가 위험한 이유다. (2015. 8. 5.)

/

막장
정치

아내가 열심히 보는 드라마 〈압
구정 백야〉는 〈인어아가씨〉 등을 집필했던 스타 작가 임성
한이 '방송국을 소재로 한 가족 이야기를 그리자'는 것이 기
획 의도였단다. 방송국에서 일하는 주인공 백야가 자신을
버리고 재가한 어머니에게 복수를 맹세할 때만 해도 기획
의도대로 가나 싶었지만, 임성한의 작품들이 다 그렇듯 뒤
로 갈수록 내용이 이상해졌다.

가장 이해할 수 없는 것은 백야의 친구인 '육선지'의 존재
감이었다. 대부분의 드라마에서 여자 주인공의 친구는 주인
공이 남자한테 배신을 당했을 때 "어쩜 그럴 수 있니?"라며

같이 흥분해주고, 가끔 되지도 않는 우스갯소리로 억지웃음을 불러일으키는 역할이 고작이었지만, 이 드라마는 그와는 차원을 달리한다. 즉, 육선지는 회가 거듭될수록 극중 비중이 높아지는데, 지루할 만치 길게 편성된 결혼식 장면도 그랬지만, 신혼 여행지에서 신랑과 닭살 돋는 장면이랄지, 육선지가 결혼 후 친구들을 만나러 갈 때 중전마마를 연상케 하는 한복을 입고 가 화제가 된다든지 하는 장면들을 보면 도대체 이 드라마의 주인공이 누군지 헷갈릴 정도다.

최근에는 그녀가 아들 네 쌍둥이를 출산해 화제가 되기도 했는데, 그러다 보니 시청자 게시판은 "이게 압구정 백야가 아니라 압구정 선지다"라는 비아냥거림으로 도배되었다. 뭐로 보나 주인공급은 아니었던 육선지의 빛나는 활약에 대한 의문은 아내의 다음 말로 풀렸다. "육선지 역을 맡은 배우, 임성한 작가의 조카잖아!"

실제로 육선지 역할을 맡은 배우 백옥담은 데뷔작부터 시작해서 딱 하나를 제외하고는 모두 임성한 작가의 드라마에만 출연했다. 놀라운 연기로 극에 활력을 준다면 모를까, 그게 아니라면 '그 배우가 혈연을 제외하면 뭐가 있느냐'는 의문이 제기될 만하다. 〈압구정 백야〉에 육선지가 캐스팅된 것도 임성한 작가의 영향력 때문이라는 게 많은 시청자의 추측이다. 그래서 아쉽다. 임성한 작가가 조카의 앞날보다 드라마가 잘되는 것에 더 신경 썼다면 〈압구정 백야〉가 막장으로 치닫지 않았을 수도 있었으니까. 비단 임성한 작가만 욕할 일은 아니다. 인사권을 쥔 사람들 중에는 자신의 영향력을 이용해 자신과 친한 사람을 요직에 앉히는 일이 제법 많으니 말이다. 그 정도가 심한 대표적인 분은 바로 대통령인데, 이분의 원칙은 다른 걸 다 떠나서 자신과 친하냐 아니냐인 듯하다.

얼마 전까지 국무위원 18명에는 대선 때 자신의 비서실장을 지냈던 최경환 경제부총리를 비롯해 친박 출신 국회의원이 3분의 1인 6명을 차지하고 있었다. 이분들이 정말 훌륭한 분이라면 또 모르겠지만, 돈을 받았다는 의혹에 대해 거짓말로 일관하다 물러난 이완구 총리의 예에서 보듯 그다지 신뢰가 가진 않는다. 친박 인사의 중용은 비단 국무위원에만 국한된 건 아니어서, 민병두 새정치민주연합 의원에 따르면 2014년 3월부터 9월까지 공기업과 준정부기관 등에 임명된 친박 인사는 무려 94명이었단다. 나도 서민이 아닌 박민이었다면 뭐라도 되지 않았을까 싶은데, 시청자에게 욕만 좀 먹으면 되는 드라마와 달리 국무위원과 공기업에 자격 없는 사람이 임명되는 건 큰 후유증을 남긴다는 점에서 우려스러운 일이다.

1948년 탄생한 대한민국이 민주공화국을 표방하면서 국민들은 얼떨결에 선거권을 갖게 되었다. 1971년 선포된 유신은 대통령을 뽑을 권리를 박탈했지만, 줄기찬 투쟁 끝에 국민들은 그로부터 16년 후 대통령 선거권을 다시 찾을 수 있었다. 1995년에는 자기 지역을 위해 일할 사람도 스스로 뽑게 되었으니, 이쯤 되면 국민이 여러 요직의 인사권자라 해도 과언은 아니다. 그렇다면 국민들은 그 인사권을 잘 행사하고 있을까? 내가 보기엔 아닌 것 같다. 누가 진정으로 지역과 국가를 위해 일을 잘할 것인지를 기준으로 삼는 대신, 특정 후보가 자기 지역 출신이라서, 아니면 상대 후보가 종북이라는 공작에 놀아나서 표를 던지는 사례가 제법 많으니 말이다. 그 결과 한 도지사는 우리나라에 몇 없는 공공병원을 없애버렸고, 아이들 밥 주는 걸 가지고 이전투구를 하고 있으며, 그것도 모자라 한 기업인에게서 1억 원을 받았다는 의혹을 받고 있다(홍준표 경남도지사는 공공병원인 진주의료원을 폐쇄시켰고, 무상급식을 중단시켰다. 그리고 성완종 전 경남기업 회장에게서 1억 원을 받았다는 혐의로 재판을 받고 있다). 하지만 이런 일에 대해 그를 뽑은 사람들을 비난하는 소리는 들리지 않는다.

〈압구정 백야〉가 시청자에게 몰매를 맞으며 막장으로 치닫자 MBC는 "약속된 주제대로 진행되지 않아 당혹스럽다"면서 "다시는 임성한 작가와 작품을 하지 않겠다"고 선언했다. 박근혜 대통령의 인사는 어찌되었건 욕을 먹고 있고, 대통령의 지지율을 떨어뜨리는 가장 큰 이유다. 하지만 그간 숱한 잘못된 선택을 했던 국민들에게는 책임을 묻는 이가 없다. 이렇게 물어보자. 국민의 뜻은 늘 위대하며, 국민은 모든 비판에서 자유로워야 하는가? 일말의 책임도 지지 않는 인사권이 과연 옳은 것인가? 마침 오늘은, 일부 지역에 국한되긴 했지만, 재보궐 선거가 실시되는 날이다. 후보자의 고향과 종북 논란에 구애받지 않는, 해당 지역민들의 올바른 선택을 기대해본다. (2015. 4. 29.)

/

세월호를
욕하는
누리꾼들에게

앨런 베넛이 쓴 『일반적이지 않
은 독자』는 뒤늦게 책읽기에 재미를 붙인 70세 영국 여왕
이 점점 변하는 내용이다. 흔히 변한다고 하면 나빠지는 것
을 생각하지만, 여왕의 변신은 그 반대다. 책을 읽으면서 주
인공과 자신을 동일시하고, 주인공이 느끼는 감정을 자신의
것으로 받아들이다 보니 현실에서도 다른 사람들의 입장에
서서 생각하는 게 가능해졌고, 그들이 현재 상황을 어떻게
느끼는지 알 수 있게 되었다. 즉, 여왕은 다른 사람들에 대해
좀더 알게 되었다. 타인에 대한 배려는 책을 많이 읽으면 필
연적으로 따라오는 선물이었다.

초반 몇 달을 제외한다면, 사람들은 세월호 유족들을 끊임없이 비난하기 바빴다. 세월호 관련 기사가 나올 때마다 젊은층으로 짐작되는 누리꾼들은 이런 댓글을 달았다. "세월호 사건은 놀러가다가 교통사고가 난 것에 불과하다. 그런데 왜 정부한테 뭐라고 하느냐?" "돈 십억씩 받고도 모자라 더 받아내려고 이러느냐?" 사고 초기 교통사고 운운했던 새누리당 의원들이 엄청난 비난에 직면했던 것을 생각하면, 이런 변화는 그저 개탄스럽다. 세월호 사고로 동생을 잃은 언니는 한 인터뷰에서 이렇게 말한 바 있다. "악성 댓글보다 교통사고라고 하는 게 더 속상해요."

심지어 세월호 인양에 반대하는 이들도 한둘이 아니다. 세금이 아까운데 그 고철덩어리를 뭐하러 인양하느냐는 것이다. 이들은 대체 왜 이러는 것일까? 이유는 간단하다. 요즘 젊은이들이 책을 읽지 않기 때문이다. 과거 청년들은 시시때때로 책을 읽었고, 삼삼오오 모여 우리 사회의 문제점에 대해 이야기했다. 그 결과 그들은 신문에서 하는 이야기를 믿는 대신 그 행간을 읽음으로써 진실을 알아낼 수 있었다. 하지만 지금 청년들은 책을 안 읽으니 자기 생각을 만들지 못하고, 정치인과 언론의 조종에 쉽게 넘어간다. 책을 읽지 않는 부작용은 이것만이 아니다. 타인의 입장에 서서 생각해보는, 역지사지의 정신을 배우지 못한다는 것이다. 예컨대 추리소설가 히가시노 게이고가 쓴 『방황하는 칼날』은 딸을 잃은 아버지가 복수를 하는 이야기인데, 읽다 보면 이런 구절이 나온다.

"죽을 때까지 지옥 같은 삶이 계속될 것이다. 사랑하는 사람을 불합리하게 빼앗긴 사람은 어디에서도 빛을 발견할 수 없다."

세월호 참사의 유족들 마음도 이와 비슷할 것이다. 어이없이 침몰한 배, 단 한 명도 구조하지 않은 해경, 진상규명에는 담을 쌓은 정부, 얼마나 답답할까? 하지만 책과 담을 쌓은 누리꾼들은 세월호 유족들의 심경을 헤아리기는커녕 그들의 일거수일투족에 짜증을 내고, 유족들을 위해 쓰는 돈이 아깝기만 하다.

그래서일 것이다. 정부가 세월호 유족들을 마음 놓고 홀대하는 까닭이. 오로지 자신의 지지율에만 신경을 쓰는 그들이 세간의 여론을 모를 리 없다. 그래서 그들은 유족들의 양보로 만들어진 세월호 특별조사위원회를 '세금 도둑'이라고 비난하고, 특별조사위원회의 활동을 방해하고 있다. 얼마 전에는 유족들에게 거액의 배·보상금을 제시하기도 했는데, 배·보상금이라는 것이 사고의 진상이 다 밝혀진 뒤 지급하는 돈이라는 점에서 이는 "진상이고 뭐고, 이제 그만 입을 다물라"는 협박이었다.

재난 관리의 컨트롤타워는 아닐지 몰라도 국정 최고책임자로서 세월호 사고에 어느 정도 책임이 있는 대통령은 세월호 참사 1주기인 4월 16일 당일, 중남미 순방을 떠난다. 청와대 관계자에 따르면 원래 18일에 출국할 예정이었는데 콜롬비아 대통령이 제발 좀 와달라고 읍소하는 바람에 출국일을 이틀 앞당겼단다. 꼭 그를 만나야 할 사연이 뭔지 모르겠지만, 세월호 참사에 대해 설명하고 양해를 구하면 하루쯤 늦는다고 큰일날 것도 없을 것 같다. 혹시 생일인가 싶어 자료를 찾아보니 콜롬비아 대통령의 생일은 8월 10일이다. 그럼에도 꼭 4월 16일 출국해야 하는 이유가 무엇일까? 이유가 무엇이건 이건 대통령이 그만큼 세월호를 중요하게 생각하지 않는다는 증거가 아니겠는가?

세월호 유족들을 욕하는 누리꾼들이 알아야 할 것이 있다. 세월호 참사의 진상규명은 이 땅에서 유사한 사건·사고가 다시는 생기지 않게 하기 위해 꼭 필요한 일이라는 것 말이다. 이것이 제대로 이루어지지 않으면 세월호 참사는 바로 우리 자신들의 일로 돌아올 수 있다. 인양에 드는 세금 몇 천억 원이 아까울 수는 있겠지만, 그걸 아낀다고 우리네 삶이 얼마나 더 행복해지는지 생각해보시라. 그리고 이제라도 스마트폰을 내려놓고 책을 읽으시라. 남들의 생각을 자기 생각인 양 착각하는 대신, 자신의 생각을 만들고 주체적으로 사고하는 연습을 하자. 계속 스마트폰만 본다면 시간은 잘 가겠지만, 나중에 당신이 억울한 일을 당했을 때 어디한 군데 호소할 곳이 없을지도 모르니까. (2015. 4. 15.)

세월호와
톡소포자충

톡소포자충은 고양이를 종숙주
로 삼는, 아주 작은 기생충이다. 이 기생충이 유명해진 것은
이것이 쥐로 하여금 고양이를 무서워하지 않게 만든다는 연
구 결과 덕분인데, 그렇게 하는 것은 톡소포자충이 종숙주
인 고양이로 건너가야 짝짓기와 자손 번식을 할 수 있기 때
문이다. 톡소포자충은 어떻게 이런 일을 할까?

처음에 쥐에게 들어오면 톡소포자충은 이곳저곳을 다니
면서 활발히 증식을 한다. 며칠 후, 숙주가 톡소포자충에 대
해 면역을 갖게 되면 톡소포자충은 도망칠 곳을 찾다가 쥐
의 뇌로 가고, 거기서 주머니를 만들고 그 안에서 숨어 있다.

쥐가 나이가 들거나 병에 걸려 면역이 약해지면 톡소포자충은 주머니를 깨고 나와 뇌에 엄청난 염증을 일으키지만, 쥐가 건강한 상태로 있으면 고양이에게 가서 짝짓기를 할 방법을 궁리한다. 그 궁리 끝에 나온 것이 바로 쥐로 하여금 고양이를 덜 무서워하게 만드는 것인데, 이는 톡소포자충이 쥐의 뇌 중 편도체amygdala라는 부위에 주머니를 만드는 것과 연관이 있다. 편도체는 공포 반응을 조절하는 기관이다. 그곳에 기거하는 톡소포자충은 쥐에게 고양이를 무서워하지 말 것을 요구하고, 결국 쥐로 하여금 고양이에게 잡혀먹게 만든다.

세월호 참사에 대처하는 현 정부의 태도를 보면서 톡소포자충 생각이 났다. 현 정부는 톡소포자충, 면역계는 세월호, 쥐는 우리 국민으로 생각하면 대충 들어맞는다. 집권 1년차 때 현 정부는 대선 때 했던 공약을 파기하면서, 또 종북몰이를 하면서 활발히 보냈다. 이는 톡소포자충이 쥐의 몸속에 들어와 활발히 증식하는 시기와 비교된다. 그런데 그로부터 1년 후, 세월호 참사가 터졌다. 박근혜 정부는 숨을 죽였다. 정제되지 않은 말 한마디 한마디가 엄청난 비난이 되어 돌아오던 시기였으니, 그럴 만도 했다.

대통령은 진도실내체육관을 찾아가 철저한 진상규명과

책임자 처벌을 약속하고, 유족들이 원하는 방향으로 특별법
을 만들어주겠다고 했는데, 이 시기는 톡소포자충이 쥐의
뇌에 주머니를 만드는 시기에 해당된다. 그 후 정부는 새누
리당과 앞서거니 뒤서거니 하면서 세월호에 대한 여론을 바
꾸어 나간다. 이는 톡소포자충이 쥐를 조종하는 것에 해당
되는데, 쥐가 고양이를 무서워하지 않게 된 것처럼 우리 국
민들도 더는 세월호 참사의 진상에 대해 크게 신경을 쓰지
않게 되었다.

"우리의 기본 입장은 세월호 참사는 교통사고"라는 주호
영 새누리당 정책위의장과 같은 당 홍문종 의원의 말은 발
언 당시에는 큰 반발을 불러일으켰지만, 시간이 지남에 따
라 그렇게 생각하는 여론이 더 많아졌고, 지금은 세월호 기
사마다 교통사고 운운은 물론이고 유족들을 욕하는 댓글이
더 많으니, 현 정부의 숙주 조종은 완전히 성공했다.

박근혜 대통령이 자신의 약속과 달리 특별법 제정에 전혀
관심을 보이지 않은 점, 그리고 특별법이 어렵사리 통과된
뒤 새누리당이 훼방을 놓을 수 있는 것도 다 그 덕분이다.
심지어 인양에 대해서도 부정적인 반응을 보이고 있는데,
정부에 조종당하는 국민들도 "돈 드는데 뭐 하러 인양하냐"
는 반응을 보이고 있다. 하지만 명심하자. 톡소포자충이 쥐

를 조종하는 이유는 고양이에게 먹히게 함으로써 자신의 이

익을 취하려는 의도 때문이지, 결코 쥐를 위한 것이 아니라

는 점을 말이다. (2015. 3. 24.)

/

좌변기의
꿈

저 멀리 아프리카엔 가상의 나라 '누리공화국'이 있다. 인구 450만의 조그만 나라인데, 다른 아프리카 국가들과 달리 누리공화국은 돈을 많이 버는 몇몇 기업 덕분에 비교적 높은 1인당 국민소득을 자랑한다. 안타까운 점은 국민소득의 절대다수를 몇몇 기업주와 부자들이 가져가며, 대부분의 국민들은 극빈층이라는 것이다. 부자들은 비데가 설치된 좌변기에서 안락하게 일을 보는 반면, 98퍼센트는 푸세식 화장실에서 일을 본다. 하체가 튼튼해진다는 장점도 있지만, 푸세식 변소의 결정적 단점은 기생충을 확산시키는 거였다.

열대국가답게 누리공화국은 강우량이 많은 편인데, 비가 오는 날이면 푸세식 변소에 쌓인 변이 밖으로 나와 거리에 뿌려진다. 그 변 안에는 온갖 종류의 기생충알이 들어 있어, 위생이 안 좋은 그 나라 사람들은 쉽게 기생충에 감염된다. 누리공화국에서 37년째 국밥집을 운영하는 한 할머니는 이렇게 말씀하신다. "국밥을 아무리 맛있게 만들면 뭐하겠노? 기생충들이 다 먹어치우는데."

누리공화국 사람들이 가장 바라는 일은 당연히 푸세식 변소를 좌변기로 바꾸는 것이다. 신기한 건 공화국 추장 선거 때마다 '전 가구 좌변기 교체'라는 공약을 내건 후보가 나서지만, 사람들이 그 후보를 뽑지 않는다는 거다. 오히려 그들은 '부자가 더 잘 사는 나라'를 외치는 후보에게 투표한다. 누리공화국에서 37년째 국밥집을 운영하는 아까 그 할머니에게 이유를 물었더니 이렇게 말씀하신다. "선거 때만 되면 이상하게 변기 생각을 못하게 되더라고. 그것보단 이웃 나라가 우리를 쳐들어오면 어쩌나 하는 걱정만 들어."

몇몇 과학자들은 누리공화국에서 벌어지는 이 기현상에 대한 연구를 시작했다. 그중 눈이 작은 과학자 한 명이 이유를 알아냈다. 자기 정체성과 반대로 투표하는 유권자들이 유시노이데스라는 기생충에 감염되어 있었던 것이다. 유

시노이데스는 보통의 기생충과 다른, 독특한 생활사를 영위

한다. 대다수 기생충이 채소에 묻은 알을 통해 사람에게 감
염되는 반면 유시노이데스는 각 가정에 배달되는 신문을 통
해 사람에게 감염된다. 유충 상태로 신문지에 묻어 있다가
신문을 보는 사람의 손가락 피부를 뚫고 들어간다는 게 과
학자들의 말이다. 사람 몸에 들어간 유시노이데스는 혈액을
타고 뇌로 가는데, 거기서 숙주가 죽을 때까지 평생을 잠복
한다. 별다른 증상을 나타내지 않아 당사자는 기생충에 걸
린 줄조차 모르지만, 최근 연구결과 이 기생충이 사람의 판
단력에 영향을 미치는 것으로 드러났다. 즉, 유시노이데스에
걸리면 자기 자신의 정체성을 잃어버리며, 이웃 나라에 대
한 적개심이 증폭되는 묘한 현상이 발견되었다.

일상생활에는 별로 지장이 없지만, 추장을 뽑는 선거 때
마다 증상이 심해져 좌변기의 꿈을 번번이 좌절시켜온 것이
다. 지난 선거 때도 누리공화국 국민들은 '강바닥을 깊게 파
놓을 테니 강물에다 용변을 보세요'라고 주장한 후보에게
아낌없이 표를 던졌고, 그 후보는 추장에 당선된 뒤 전 가구
에 좌변기를 설치할 수 있는 돈으로 강바닥을 원없이 파댔
다. 제정신으로 돌아온 누리공화국 국민들은 "아이고, 저 돈
이면 좌변기에 비데까지 달 수 있겠네"라고 안타까워했지

만, 이미 늦은 일이었다.

시간이 흘러 또다시 선거철이 다가왔다. 유시노이데스가 어김없이 활동을 개시한 덕분인지 이번에도 좌변기로 바꿔주겠다는 후보가 여론조사에서 밀리고, 좌변기 타령은 그만하고 이제부터는 푸세식 화장실을 즐기라는, 소위 '즐푸세'를 공약으로 내건 후보의 당선이 유력하다. 비데까지 달아주겠다며 표심을 사로잡았던 후보가 사퇴해 양자 대결이 되었건만, 민심은 돌아설 줄 모른다. 37년째 국밥집을 운영하는 아까 그 할머니에게 왜 그 후보를 지지하냐고 물었다. "변이야 어디서 본들 뭔 상관이겠소? 이웃 나라의 위협에서 우리를 지켜줄 그런 추장을 뽑는 게 중요하지."

그 나라 국민들이 좌변기에서 일을 보려면 유시노이데스라는 기생충을 치료해야 하건만, 아쉽게도 뇌 속에 있는 기생충을 없애는 약은 아직 개발되지 않았고, 더러운 신문을 끊고 깨끗한 신문을 보는 게 추가적인 감염을 막을 수 있는 유일한 방법이란다. 그 국밥집 할머니는 살아생전 좌변기에서 일을 볼 수 있을까? 그랬으면 좋겠다. (2012. 12. 12.)

B급 정치

ⓒ 서민, 2017

초판 1쇄 2017년 3월 30일 찍음
초판 1쇄 2017년 4월 7일 펴냄

지은이 ㅣ 서민
펴낸이 ㅣ 강준우
기획·편집 ㅣ 박상문, 박효주, 김예진, 김환표
디자인 ㅣ 최진영, 최원영
마케팅 ㅣ 이태준, 박상철
인쇄·제본 ㅣ 대정인쇄공사

펴낸곳 ㅣ 인물과사상사
출판등록 ㅣ 제17-204호 1998년 3월 11일

주소 ㅣ (121-839) 서울시 마포구 서교동 392-4 삼양E&R빌딩 2층
전화 ㅣ 02-325-6364
팩스 ㅣ 02-474-1413

www.inmul.co.kr ㅣ insa@inmul.co.kr

ISBN 978-89-5906-440-3 03300

값 15,000원

이 도서의 국립중앙도서관 출판시도서목록(CIP)은 서지정보유통지원시스템 홈페이지
(http://seoji.nl.go.kr)와 국가자료공동목록시스템(http://www.nl.go.kr/kolisnet)에서
이용하실 수 있습니다. (CIP제어번호: CIP2017007537)